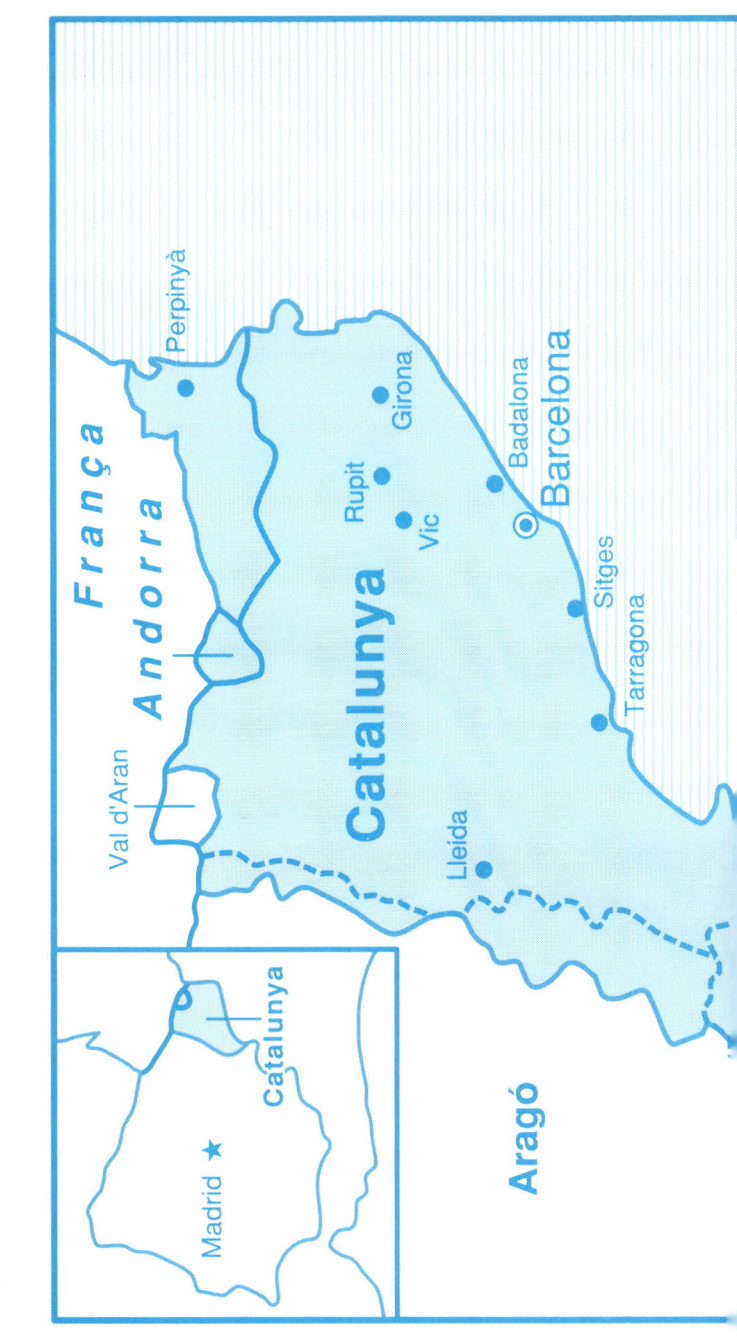

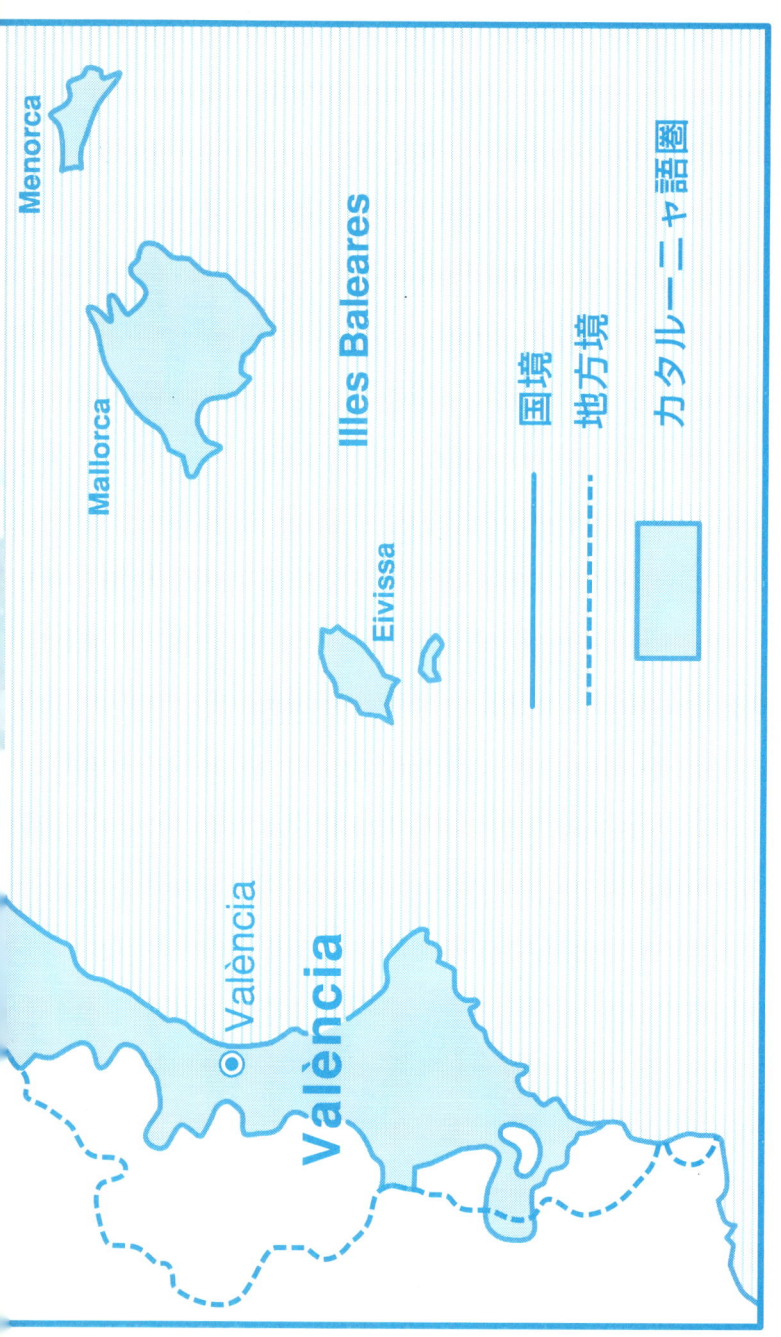

カタルーニャ語

■田澤 耕 著

白水社

装丁　山本　美智代
地図作成・イラスト　大　島　千　明

まえがき

　まず，カタルーニャ語という「少数」言語に挑戦しようという皆さんの勇気を称えたいと思います．カタルーニャ語を勉強するということはフランス語やドイツ語やスペイン語といった言語を勉強するということとは少し意味がちがいます．これらの言語を学ぶ基本的な目的は，フランスやドイツで暮らす人々との意志疎通にある，といえるでしょう．ところがカタルーニャ語の場合には，できなくてもカタルーニャでのコミュニケーションに不自由を感じることはほとんどありません．スペイン語さえできれば，何でも用は足りてしまうのです．ほとんど実用的な利益がないにもかかわらず，カタルーニャ語を覚えるためには他の言語を学ぶときと同じ程度の努力が必要です．そういう割に合わない行為に踏み切るには相当の勇気が要ると思うのです．

　けれども本当に「不自由を感じることがない」のでしょうか，「実用的な利点」がないのでしょうか．たしかにほとんど全てのカタルーニャ人はスペイン語ができます．しかし，他方で，彼らが日常的にカタルーニャ語を使っているということも事実なのです．だとすれば，スペイン語だけではカタルーニャ社会の全てを理解できないということになります．スペイン語で触れることができるのは，カタルーニャの人たちが外部の人たちのために便宜上築いている表面的な部分だけなのではないでしょうか．カタルーニャ語を母語としている人たちは，親しい人とはカタルーニャ語で話をします．心をこめて表現したいことはカタルーニャ語で語ります．カタルーニャ語が彼らのことばなのですから当然のことでしょう．カタルーニャ語ができなければ，カタルーニャの人たちと本当の付き合いはできない，これが僕の信念です．

　カタルーニャ人と商売の話をしたい人，技術的，表面的な話で十分だと思う人にとっては，カタルーニャ語を学ぶことは無意味かもしれません．しかし，カタルーニャとその文化に興味をもち，本当にカタルーニャ人を知りたいと思う人にとっては不要どころか，なくてはならない言語なのです．

　カタルーニャ人は陰気で閉鎖的だ，などとよく悪口を言われます．しかしそんなことはありません．たしかに口先だけの約束をしたり，好意の安売りをしたりはしませんが，静かな中にも暖かなホスピタリティを秘めた人たちです．こちらがとけ込みたいという意思表示をすれば喜んで受け入れてくれます．そして，一見実用性に乏しいカタルーニャ語を学ぼうとする姿勢ほど強い意思表示はないのです．

　では，カタルーニャ社会への扉の鍵となることばの勉強を始めましょう．

著　者

本書ではじめて学ぶ人のために

1. 本書の構成 このテキストは，見た目にもわかりやすく，また使いやすいように，さまざまな工夫がなされています．まず最初の数ページはアルファベットと発音の説明にあてられています．続くレッスンは全部で20課です．各課4ページから成り，すべて同じ構成ですので，一定のペースを守って学習を進めていくことができます．最初の見開きの左ページが日常性にとんだ会話からなる本文，その右ページは本文に出てくる単語の説明と本文全体の訳になっています．次の2ページには文法の説明と，課によってはカタルーニャの一面を紹介する囲み記事がおさめられています．そして2課終わるごとに練習問題があり，最後に本書で使われている単語を集めた，単語リストがついています．

2. 発音について カタルーニャ語では，綴りと発音の間に多少乖離があります．しかし，いくつかの規則さえマスターしてしまえばそれほど困難はないと思います．1課から10課まではルビがついていますが，そこまでいけばあとは難なく読めるはずです．しかしルビはあくまでも1つの道しるべです．別売のCDを利用して，リズム・イントネーションもあわせて学び，表情豊かなカタルーニャ語を肌で感じていただきたいものです．

3. レッスンの本文 ごく身近でカタルーニャの生活をほうふつとさせるようなテーマを選んで作られています．短い会話ですが，その課のポイントとなる文法事項が盛り込まれており，暗記して実際に話せることが最終目標です．場面ごとの状況を思いうかべ，親しい者同士の会話なのか，あるいは敬称を用いた会話なのかにも注意しながら学習して下さい．

4. 文法説明 文法の説明は必要最小限にとどめ，カタルーニャ語の幹となる部分をしっかり学んでいただくようにしました．幹というのは，1つの外国語を学ぶ以上どうしてもぬかすわけにはいかない，基本的な項目です．そうはいっても名詞・形容詞・代名詞の語尾変化，そして特に動詞の活用などは慣れないうちは大変かもしれません．しかしそれらすべてがカタルーニャ語特有のリズムを作りあげているので，1つには習うより慣れよのくり返し学習，もう1つは読む・聴く・話す・書くのすべての面でのバランスよい学習が効果的であると思います．また途中でわからなくなったら，まず基本の文法に立ちもどってみることをおすすめします．

5. 練習問題（解答つき）　さまざまな形式の問題から成っていますので，楽しみながら復習をするのに役立てて下さい．1度やっておしまいというのではなく，時間をおいて何度かくり返してみると，進歩の度合もよくわかり，励みにもなると思います．このときも耳・口・手のすべてを活用することをお忘れなく．

6. CD（別売）の利用　CDには「発音」と各課の「本文」，「単語」，そして「練習問題」の一部が収録されています．本文は，はじめはゆっくり，続いて普通のスピードで発音されています．最初は何回も通して聴き，次に会話が話されている状況を具体的に思いうかべながら，CDの発音をまねて，一人二役の演技をしてみましょう．さらに日本語の訳を見ながらカタルーニャ語の会話文がすらすら言えるようになれば，文句なしです．こんな時もCDを利用して下さい．

目　次

まえがき・・・・・・・・・ 3
本書ではじめて学ぶ人のために
・・・・・・・・・ 4

文字と発音・・・・・・・・ 9
  1. アルファベット
  2. 母音
  3. 子音
  4. 注意を要する綴り
  5. アクセントの位置

カタルーニャとカタルーニャ語
・・・・・・・・・ 18

1. 僕はジョルディです・・ 20
  1. 動詞 ésser(ser) と主格人称代名詞
  2. 人称冠詞
  3. 否定文
  4. ser＋de
  5. 感嘆符

2. 今，ジョルディはいません
・・・・・・・・ 24
  1. 動詞 ser の用法 (2)
  2. 名詞の性
  3. 名詞の数
  4. 定冠詞

練習問題 1・・・・・・・ 28

3. 診療所は二つあります・・ 30
  1. 不定冠詞
  2. 存在の表現——hi ha
  3. 数詞　(1〜20)
  4. 疑問文

4. 元気？・・・・・・・ 34
  1. 形容詞の性と数
  2. 形容詞の用法
  3. 動詞 estar
  4. estar の用法
  5. 指示形容詞・指示代名詞

練習問題 2・・・・・・・ 38

5. ジョルディは働いているの，それとも学生？・・・・・ 40
  1. 規則動詞の活用
  2. 所有形容詞
  3. 前置詞の後ろにくる人称代名詞

6. 君は何時間眠るの？・・・ 44
  1. -ir で終わる動詞
  2. -er で終わる動詞

練習問題 3・・・・・・・ 48

7. あなたにジョルディを紹介するわ・・・・・・・・ 50
  1. 間接目的語人称代名詞
  2. 〜が好きだ
  3. 不規則動詞 anar（行く）

4. -ment で終わる副詞

8. 鈴木先生に会いに行かなくては ・・・ 54
1. 不規則動詞
2. conèxer と saber
3. poder と saber
4. 直接目的語人称代名詞

練習問題 4 ・・・・・ 58

9. 悪いけど時間がないんだ 60
1. 不規則動詞
2. pensar, voler の用法
3. 一般的な主語を表す三人称複数
4. 副詞的代名詞 hi

10. 私はお風呂が好き ・・・ 64
1. 再帰動詞
2. 再帰動詞の活用形
3. 直接再帰と間接再帰
4. 不規則動詞

練習問題 5 ・・・・・ 68

11. 明日よい天気か知りたいの
・・・・・・・・ 70
1. 不規則動詞
2. 動詞の現在分詞と現在進行形
3. 天気・天候の表現
4. 感嘆文

12. 僕は 8 時に起きた ・・・ 74

1. 現在完了（1）
2. 時刻の表し方
3. 不規則動詞

練習問題 6 ・・・・・・ 78

13. この窓はどうやって開けるのですか？ ・・・・・ 80
1. 現在完了（2）
2. 再帰受身
3. 「ser＋過去分詞」の受身
4. se を使った非人称表現
5. 否定語

14. 僕は村の人たちと知り合いになりたい ・・・・・ 84
1. 未来形
2. 過去未来形

練習問題 7 ・・・・・・ 88

15. とても楽しかった ・・・ 90
1. 完了過去
2. 比較
3. 最上級
4. 不規則動詞の現在形

16. 君が電話をくれたときシャワーを浴びていたんだ ・・ 94
1. 不完了過去
2. 副詞的代名詞 en
3. 日付，曜日

練習問題 8 ・・・・・・ 98

17. さあ，カバをついでグラス
   を持って · · · · · · · · 100
   1. 命令形
   2. 命令形と目的語人称代名詞
   3. 関係代名詞 que

18. 面白いもの見せてほしい？
   · · · · · · · · · · · 104
   1. 接続法
   2. 接続法現在形
   3. 接続法の用法

練習問題 9 · · · · · · · 108

19. 怒らないでくれよ，マリア
   · · · · · · · · · · · 110
   1. 否定命令
   2. vostè(s) に対する肯定命令，否定命令
   3. caldre の用法

20. お金が十分にあれば，行きたいわ · · · · · · · · · 114
   1. 接続法過去
   2. 現在の事実に反する仮定

練習問題 10 · · · · · · 118

文法補遺 · · · · · · · · · 120

練習問題解答 · · · · · · · 123

単語リスト · · · · · · · 129

文字と発音

1. アルファベット　　　　　　　　　　　　　　　　　CD 2

カタルーニャ語のアルファベットは次の 26 文字から成っています．

A a	[á]	アー		P p	[pé]	ペー
B b	[bé (áɬtə)]	ベー（アルタ）		Q q	[kú]	クー
C c	[sé]	セー		R r	[ɛrə]	エッラ
D d	[dé]	デー		S s	[ésə]	エサ
E e	[ɛ]	エー		T t	[té]	テー
F f	[éfə]	エファ		U u	[ú]	ウー
G g	[ʒé]	ジェー		V v	[bé(βáʃə)]	ベー（バシャ）
H h	[ák]	アク		W w	[bé(δóbblə)]	ベー（ドッブラ）
I i	[í(ʎətínə)]	イ（リャティーナ）		X x	[ʃ]の音を表すとき: [ʃéʃ]	シェシュ
J j	[ʒɔ́tə]	ジョタ			[ks], [gz]の音を表すとき: [iks]	イクス
K k	[ká]	カー				
L l	[élə]	エラ				
M m	[émə]	エマ				
N n	[énə]	エナ		Y y	[íɣɾéɣə]	イグレガ
O o	[ɔ́]	オー		Z z	[zɛ́tə]	ゼタ

・次の「母音」の項でお話しする曖昧母音 [ə] は，カタカナで表しようがないので，これを含む音節は便宜上ア，ラ，ガなどと表記しておきました．
・「イ・リャティーナ」とはラテン語の i,「イ・グレガ」とはギリシャ語の i という意味です．

2. 母音

カタルーニャ語の母音は次の八つです．

[i], [e], [ɛ], [ə], [a], [u], [o], [ɔ]

[a], [e], [i], [o], [u] は大体，日本語のアエイオウだと思ってください．ただ，[o] と [u] は唇を日本語のときよりも丸めて発音します．

[ɛ] は口を広く開け，舌を下げて発音したエです．

[ɔ] は口をひろく開け，舌を下げて発音したオです．

[ə] は曖昧母音と呼ばれ，[a] でも [e] でもない曖昧な音です．口を半開きにして，力を抜いて発音したアのような感じです．

母音と文字の関係は次の通りです．（**太字のところにアクセントがあります．また，下線を施したカタカナは曖昧母音か，曖昧母音が含まれた音節を表しています．**）

・アクセントのない a, e は [ə] と発音されます．
・アクセントのない o は [u] と発音されます．

a	[a]	casa（家）カザ	mà（手）マ
	[ə]	taca（汚れ）タカ	masia（農家）マジア
e	[é]	vent（風）ベン	bé（よく）ベ
	[ɛ]	nen（子供）ネン	cinquè（五番目の）シンケー
	[ə]	pare（父）パラ	examen（試験）アグザマン
i	[i]	idea（アイディア）イデア	veí（隣人）バイ
o	[o]	boca（口）ボカ	estació（駅）アスタシオ
	[ɔ]	bo（良い）ボ	història（歴史）イストリア
	[u]	bonic（きれいな）ブニック	dolent（悪い）ドゥレン
u	[u]	universitat（大学）ウニバルシタ	únic（唯一の）ウニック

3. 子音

子音と綴りの関係は次の通りです.

b [b]   **boca** (口)   **cambra** (部屋)

ボ<u>カ</u>   カン<u>ブラ</u>

  語の始め, m の後ろではバ行の音.

[β]   **rebut** (領収書)   **trobar** (みつける)

ラ<u>ブッ</u>   トル<u>バー</u>

  それ以外の位置では, 唇をほんの少し開け, その間から息を吐くようしてバ行の音を出します.

[p]   **verb** (動詞)   **dubtar** (疑う)

ベル<u>プ</u>   ドゥ<u>プ</u>ター

  語の終わり, 濁らない子音の前では [プ] の音.

[bb]   **noble** (高貴な)   **possible** (可能な)

ノッ<u>ブラ</u>   プッシッ<u>ブラ</u>

  アクセントのある母音と l にはさまれると b が二つあるような発音になります.

[無音]   **amb** (〜と)   **tomb** (回転)

アム   トム

  m の後ろで, 語末の b は発音しません.

c [s]   **cent** (百)   **cinc** (五)

セン   シンク

  e, i の前ではサ行の音です. ci を便宜上シと書きましたが, 実際は英語のアルファベットの c のような音です.

[k]   **cara** (顔)   **bonic** (美しい)

カ<u>ラ</u>   ブニック

  a, o, u の前ではカ行の音, 語の終わりではクとなります.

[無音]   **blanc** (白)   **banc** (銀行)

ブラン   バン

  語の終わりにある -nc の組み合わせでは c は発音されません.

ç (この文字は c trencada セー・トランカダといいます.)

[s]   **França** (フランス)   **capaç** (有能な)

フラン<u>サ</u>   <u>カ</u>パス

  a, o, u の前や, 語の終わりでサ行の音を表します.

	[z]	feliçment (幸せに)	

      feliçment (幸せに)
      _{ファリズメン}

  有声子音(喉仏が震える音)の前ではズとなります.

d [d]   dent (歯)   tendència (傾向)
     デン   タンデンシア

  語の始め, n, m, l の後ろでダ行の音を表します.

 [t]   tard (遅く)   fred (寒さ)
     タール(ト)   フレ(ット)

  語の終わりではトになりますが, ほとんど聞こえません.

 [ð]   edat (年齢)   poder (できる)
     アダッ(ト)   プデー

  [d], [t], および無音の場合を除いて, 舌先と上歯の間の狭い隙間からかすかに息をもらしながら発音するダ行の音になります.

 [無音] reverend (尊い)   perds (君は失う)
      ラバレン   ペルス

  l, n の後ろで, 語の終わりにある d, -rds という綴りの中の d は発音されません.

f [f]   foc (火)   fruita (果物)
     フォック   フルイタ

g [g]   gust (味)   grup (グループ)
     グスト   グルップ

  g+a, o, u, r, l の組み合わせが, 語の始めまたは n の後ろにあるとき, g はガ行の音になります.

 [γ]   pagar (支払う)   segur (確かな)
     パガー   サグー

  g+a, o, u, r, l の組み合わせが, 語の始めまたは n の後ろ以外の位置にあるときは, 上あごの喉寄りの柔らかい部分と舌の間の狭いすき間から息を出すようにして発音するガ行の音になります.

 [gg]   segle (世紀)   regla (規則)
      セグラ   レグラ

  アクセントのある母音と l にはさまれると g が二つあるような

発音になります.

[ʒ]　　**gent**（人々）　　　　　　**pàgina**（ページ）
　　　　ジェン　　　　　　　　　　　パジナ

e, i の前では g は, ジェ, ジの音になります. ただし, 舌の先を上あごの前方の硬い部分に近づけ, その狭いすきまから息を出して発音すること.

[k]　　**llarg**（長い）　　　　　　**epíleg**（後書き）
　　　　リャルク　　　　　　　　　　アピラク

n の後ろに来る場合を除いて, 語の終わりの g はクという音になります.

[無音]　**sang**（血）　　　　　　　**fang**（泥）
　　　　サン　　　　　　　　　　　　ファン

n の後ろで, かつ語の終わりにある g は発音しません.

gue, gui はゲ, ギと発音します: **guerra**（戦争）
　　　　　　　　　　　　　　　　　　ゲッラ

güe, güi はグェ, グィと発音します: **següent**（次の）
　　　　　　　　　　　　　　　　　　　サグェン

h　[無音]　**hotel**（ホテル）　　　**tothom**（皆）
　　　　　　　ウテル　　　　　　　　　トゥトム

j　[ʒ]　　**japonès**（日本人）　　**jugar**（遊ぶ）
　　　　　　ジャポネス　　　　　　　ジュガー

ジャ行の音. ただし, 舌の先を上あごの前方の硬い部分に近づけ, その狭いすきまから息を出して発音してください.

l　[l]　　**lectura**（読むこと）　**glòria**（栄光）
　　　　　　ラクトゥーラ　　　　　　グロリア

発音するときに舌先を上の歯茎にあてるようにしてください.

語の終わりや, 母音と子音の間にあるときは, ウの発音に近い, 喉の奥で発音される音になります: **el**（男性定冠詞）
　　　　　　　　　　　　　　　　　　　　　　　　　　　　アル

ll は, ヤ行とリャ行の中間のような音です: **llengua**（舌）
　　　　　　　　　　　　　　　　　　　　　リェングア

l·l は l が二つ並んだように発音します: **col·legi**（小学校）
　　　　　　　　　　　　　　　　　　　　クレッジ

m [m]　　**m**à　（手）　　　　　　　　**com**ú　（共通の）
　　　　　　　マ　　　　　　　　　　　　　　　クムー

日本語のマ行の音です.

n [n]　　**n**om　（名前）　　　　　　　à**n**ec　（アヒル）
　　　　　　ノム　　　　　　　　　　　　　　アナック

日本語のナ行の音です. ただし, f, v の前ではムという音になります:

　　　　　ca**n**vi　（変化）
　　　　　カムビ

p [p]　　**p**oc　（少し）　　　　　　　Ja**p**ó　（日本）
　　　　　　ポック　　　　　　　　　　　　　ジャポー

日本語のパ行の音です.

[無音]　　cam**p**　（野）　　　　　　　tem**p**s　（時間）
　　　　　　カム　　　　　　　　　　　　　　テムス

音節の終わりや子音の前にある mp という組み合わせでは, p は発音しません.

q [k]　　**q**uè　（何）　　　　　　　　a**q**uell　（あの）
　　　　　　ケ　　　　　　　　　　　　　　　アケイ

q はいつも qu という組み合わせで使われ, カ行の音を表します.

qüe, qüi はそれぞれクェ(<u>クァ</u>), クィと発音します: qüestió　（問題）
　　　　　　　　　　　　　　　　　　　　　　　　　　　　<u>クァ</u>スティオ

r [r]　　**r**àdio　（ラジオ）　　gue**rr**a　（戦争）　　con**r**ear　（耕す）
　　　　　　ラディウ　　　　　　　　ゲラ　　　　　　　　　　クンレアー

語のはじめ, rr と r が連続しているとき, l, m, n, s の後ろ, では巻き舌で発音します.

[ɾ]　　　　pe**r**ò　（しかし）　　　　　　ma**r**it　（夫）
　　　　　　パロー　　　　　　　　　　　　マリッ(ト)

それ以外の位置では, 舌先を一回だけはじくようにして発音します.

[無音]　　canta**r**　（歌う）　　　　　　du**r**　（固い）
　　　　　　カンター　　　　　　　　　　　　ドゥー

語の終わりにある r は発音しないことが多い．ただし，例外も少なくありません：

   amor　（愛）　　　　　　　　**mar**　（海）
   <u>ア</u>モー<u>ル</u>　　　　　　　　　　　　　マ<u>ル</u>

また，**prendre**（取る），**aprendre**（学ぶ）などの語では pr の r
   　ペンド<u>ラ</u>　　　　　アペンド<u>ラ</u>
が発音されません．

s　[z]　　**casa**　（家）　　　　　　**comunisme**　（共産主義）
　　　　　　カ<u>ザ</u>　　　　　　　　　　　　クムニ<u>ズ</u>マ

1 つの s が母音と母音に挟まれていたり，有声子音の前にあったりするとザ行の音になります．

 　[s]　　**setmana**　（週）　　　　**expressar**　（表現する）
　　　　　　<u>サ</u>ッマナ　　　　　　　　　　ア<u>ス</u>プラサー

t　[t]　　**tos**　（咳）　　　　　　　**gata**　（雌猫）
　　　　　　ト<u>ス</u>　　　　　　　　　　　　ガ<u>タ</u>

タ行の音を表します．

 [無音]　**alt**　（高い）　　　　　　**dimarts**　（火曜日）
　　　　　　アル　　　　　　　　　　　　ディマルス

ただし，l, n の後ろで，しかも語の終わりにある t，また，rts
という綴りの中の t は発音しません．

v　[b]　　**vida**　（命）　　　　　　**conversa**　（会話）
　　　　　　ビダ　　　　　　　　　　　　クンベル<u>サ</u>

カタルーニャ語では b と v は同じバ行の音になります．

 　[β]　　**cavall**　（馬）　　　　　　**avi**　（祖父）
　　　　　　カ<u>バ</u>イ　　　　　　　　　　ア<u>ビ</u>

位置と [b], [β] の区別については b の項と同じです．

x　[ʃ]　　**xoc**　（衝撃）　　　　　　**punxada**　（刺し傷）
　　　　　　ショック　　　　　　　　　　プン<u>シャ</u>ダ

語のはじめ，子音の後ろではシャ行の音です．

 [ks] [gz] **fix**　（固定された）　　**examen**　（試験）
　　　　　　フィクス　　　　　　　　　　ア<u>グザ</u>マン

それ以外の位置ではクス，グズという音を表します．

z　[z]　　**zoo**　（動物園）　　　　　**zinc**　（亜鉛）
　　　　　　<u>ゾ</u>ー　　　　　　　　　　　<u>ジ</u>ンク

日本語のザ行の音です．

4. 注意を要する綴り　　　　　　　　　　　　　　　CD 5

カタルーニャ語では，複数の文字の組み合わせが特殊な読み方になることがあります．

ig	[tʃ]	puig（山）プッチ	boig（馬鹿）ボッチ
母音+ix	[ʃ]	maduixa（イチゴ）マドゥシャ	això（このこと）アショ
tg	[dʒ]	metge（医者）メッジャ	fetge（肝臓）フェッジャ
tj	[dʒ]	llotja（取引所）リョッジャ	allotjar（泊める）アリュッジャー
tx	[tʃ]	capritxós（気まぐれな）カプリチョス	despatx（事務所）ダスパッチ

5. アクセントの位置　　　　　　　　　　　　　　　CD 6

二つ以上の音節を持つ語のうち，次のものは後ろから二番目の音節にアクセントがあります．

1) （二重母音以外の）母音で終わる語

　　　pare（父）　　casa（家）　　patata（ジャガイモ）
　　　パラ　　　　　カザ　　　　　パタタ

★ai, ei, oi, ui, au, eu, iu, ou, uu の組み合わせは「二重母音」と呼ばれ，音節を数えるときには，一つの母音と同じ勘定になります．たとえば，次の単語では，後ろから3つ目の母音にアクセントがあるように見えますが，ai, au は一つの母音と考えますので規則どおり後ろから2つ目です：

　　　aire（空気）　　　　taula（机）
　　　アイラ　　　　　　　タウラ

2) （二重母音以外の）母音＋s で終わる単語

  divendres （金曜日） cantes （君は歌う）
  ディベンドラス   カンタス

3) 語尾が -en, -in の単語

  examen （試験）   trobin （動詞「見つける」の活用形）
  アグザマン   トロビン

次のものは最後の音節にアクセントがあります．

1) 二重母音で終わる語

  positiu （肯定的な） esprai （スプレー）
  プジティウ   アスプライ

2) 母音＋s, -en, -in 以外の形で子音で終わる語

  pagar （支払う）   hospital （病院）
  パガー   ウスピタル

 規則に合わない例外的なアクセントの位置はアクセント記号で表します．

 ´はアクセントの位置と同時に，その母音が**口を閉じ気味にして**発音する閉母音であることを示します．｀はアクセントの位置と同時に，その母音が**口を開き気味にして**発音する開母音であることを示します．

  església （教会） humà （人間的な） únic （唯一の）
  アズグレジア   ウマー   ウニック

i, u には´しかつきません．

●カタルーニャとカタルーニャ語●

カタルーニャとはどこにあるのでしょう?—行政単位としての自治州カタルーニャは、スペインの地中海岸の一番北、フランスと国境を接した三角形の部分です．カタルーニャをカタルーニャ語文化圏(Països Catalans)ととらえるならば、それにバレンシア地方の一部、地中海に浮かぶバレアレス諸島、アラゴン地方の一部、フランス領内の「北カタルーニャ」、世界で唯一カタルーニャ語を国の公用語にしているピレネー山中の小国アンドラ、さらに、イタリア領の島サルデーニャ島のアルゲロなどを付け加えなければなりません(地図参照)．言語人口は600万人ほどだと言われています．

時は711年、北アフリカからイベリア半島にイスラム教徒軍が攻め入ってきます．イベリアのキリスト教諸国はあっというまに大部分征服されてしまい、勢いに乗ったイスラム教徒はピレネー山脈を越えてフランク王国へと侵入します．しかし、フランク軍はトゥール・ポワティエの戦いでみごとにこれを撃退、ピレネーの南へと押し返します．しかし、イスラム教徒軍がいつまた攻め込んでくるか知れません．そこで、ピレネー山脈の南側の地中海岸に「イスパニア辺境領」という、防衛のための領土を設けることにしました．これが後にフランク王国から独立し、「カタルーニャ」となるのです(988年)．

イベリア半島では、いったんは北部に追い詰められたキリスト教諸国がイスラム教徒に対し、巻き返しを図ります．いわゆる国土回復運動(レコンキスタ)です．カタルーニャもバルセロナ伯(実質的カタルーニャ王)を中心にこの動きに参加します．1137年、バルセロナ伯と隣国のアラゴン王国王女の結婚によってカタルーニャ・アラゴン連合王国が誕生し、国力が充実したことで、カタルーニャの領土拡大に大きなはずみがつきます．イスラム教徒から南方の領土を奪回したばかりか、バレアレス諸島、サルデーニャ島、ナポリと地中海にも勢力を伸ばし、ついにはコンスタンチノープルにまで遠征、ギリシャの一

部を領有するに到ります．こうして14世紀の初め頃，カタルーニャ地中海帝国は絶頂期を迎えたのです．

それとともにカタルーニャ語文学にも華やかな時代が訪れます．カタルーニャ語は，スペイン語，フランス語，ポルトガル語などと同じく，ラテン語から派生したロマンス諸語の一つです．スペイン語など他の言語の方言ではありません．比較的早い時期から文章語としても使われるようになりました．とくに13世紀にラモン・リュイという，ルネサンスの思想家たちにも影響を与えた神学者が出てからは，その地位が一段と高まりました．そしてカタルーニャの領土的発展と共に地中海の共通語の一つとして使われるようになったのです．

中世には隆盛を誇ったカタルーニャですが，15世紀初めには衰えが目立つようになり，ついには，新大陸貿易によって繁栄するカスティーリャ王国の一地方となってしまいます．

勤勉——これがカタルーニャの一大国民性だといわれています．そして，それが発揮されたのが19世紀の産業革命期でした．長い間低迷していたカタルーニャですが，世界の新しい流れについて行けなかったカスティーリャを尻目に，スペインで唯一産業革命を達成するのです．社会に活気が戻ると，カタルーニャ語文芸も復活しました．これを「19世紀カタルーニャ・ルネサンス」といいます．

しかし，1936年に始まるスペイン内戦(～39年)が全てをご破算にしてしまいました．内戦で敗れた共和国側についていたカタルーニャに対し，内戦後に成立したフランコのファシスト政権は，徹底的な弾圧を加えます．そしてカタルーニャ語やカタルーニャ独自の文化は，公の場から姿を消さざるを得ない運命となったのです．

結局，カタルーニャ語・文化弾圧は，1970年代後半にフランコ体制が終わり，スペインが民主化されるまで続きました．約40年にわたった弾圧によって生じた傷には深刻なものがありましたが，カタルーニャの人々の必死の努力により，現在では，カタルーニャ語やカタルーニャ文化に正常な姿が戻りつつあります．

1 (u) Jo sóc en Jordi.
ウ　　　　ジョ　ソック　アン　ジョルディ

僕はジョルディです

Jordi — Hola! Jo sóc en Jordi.
オラ　　　ジョ　ソック　アン　ジョルディ

Sóc estudiant.
ソック　アストゥディアン

Sóc de Barcelona.
ソック　ダ　　バルサロナ

Marta — Hola! Jo sóc la Marta.
オラ　　　ジョ　ソック　ラ　マルタ

Sóc estudianta també.
ソック　アストゥディアンタ　タムベー

No sóc de Barcelona.
ノ　ソック　ダ　バルサロナ

Sóc de Badalona.
ソック　ダ　バダロナ

【 単　語 】 CD 8

hola!	出会ったときのあいさつ やあ　こんにちは　こんばんは等	estudianta	女学生
jo	私	de	出身を表す前置詞
sóc	(私は)〜です	la	女性名の前につく人称冠詞
en	男性名の前につく人称冠詞	també	〜もまた
estudiant	学生	no	否定の副詞
		Badalona	バルセロナ近郊の町

【 訳 】

ジョルディ ― やあ，僕はジョルディです．
　　　　　　僕は学生です．
　　　　　　僕はバルセロナの出身です．
マルタ　　 ― こんにちは，私はマルタです．
　　　　　　私も学生です．
　　　　　　私はバルセロナの出身ではありません．
　　　　　　私はバダロナの出身です．

【 解　説 】

1　動詞 ésser (ser) と主格人称代名詞
<small>エッサー　セー</small>

1) ésser（または ser）という動詞は「A は B である」という関係を表し，英語の be 動詞にあたります．この動詞の不定形(辞書の見出し語になっている形)には ésser と ser の二通りがあります．現在は ser の方がよく使われます．

2) カタルーニャ語の動詞は，主語によって次の6通りに活用します．

jo <small>ジョ</small> （私）	**sóc** <small>ソック</small>	**nosaltres** <small>ヌザルトラス</small> （我々）	**som** <small>ソム</small>
tu <small>トゥ</small> （君）	**ets** <small>エッツ</small>	**vosaltres** <small>ブザルトラス</small> （君たち）	**sou** <small>ソウ</small>
ell <small>エイ</small> （彼, それ）	⎱	**ells** <small>エイス</small> （彼ら, それら）	⎱
ella <small>エリャ</small> （彼女, それ）	**és** <small>エス</small>	**elles** <small>エリャス</small> （彼女ら, それら）	**són** <small>ソン</small>
vostè <small>ブステ</small> （あなた）	⎰	**vostès** <small>ブステス</small> （あなたがた）	⎰

3) 二人称単数形，複数形にそれぞれ「君」―「あなた」，「君たち」―「あなたがた」と二通りの主格代名詞があることにお気づきでしょう．話し相手が，家族や友人など親しい人の場合には tu, vosaltres を使います．話し相手が，よく知らない人，かなり目上の人，あるいは距離を置きたい人である場合には vostè, vostès を使います．vostè, vostès は意味の上では二人称ですが，動詞の活用上は三人称扱いとなりますのでご注意を．

4) カタルーニャ語では，とくに主語を強調したい場合以外は，主格人称代名詞は省略されます．

2　人称冠詞

　カタルーニャ語には人称冠詞と呼ばれる珍しい冠詞があります．相

手に呼びかける場合を除き，男性の場合は en，女性の場合は la を名前の前につけます．

  És en Jordi.　（彼はジョルディです．）
  エス アン ジョルディ

  És la Marta.　（彼女はマルタです．）
  エス ラ　マルタ

  — Hola, Jordi!　（こんにちは，ジョルディ．）
   オラ　　ジョルディ

  — Hola, Marta!　（やあ，マルタ．）
   オラ　　マルタ

ただし，母音で始まる名前の場合はどちらも l' となります．

  l'Enric　アンリック　（男）　　l'Àgata　アガタ　（女）
  ランリック　　　　　　　　　　　ラガタ

3　否定文

カタルーニャ語の否定文は，動詞の直前に no を付けるだけでできます．

  — No sóc en Jordi. Sóc en Marc.
   ノ　ソック アン ジョルディ ソック アン マルク

       （僕はジョルディじゃない．マルクだ．）

4　ser+de

de は英語の of や from に当たる前置詞で，ser と共に用いられて出身，所有，所属などを表します．例文では出身の表現が出てきました．

5　感嘆符

カタルーニャ語の感嘆符！は，文末に付けます．

  Bon dia!　（おはよう．こんにちは）
  ボン ディア

2 (dos) En Jordi no hi és ara.

今，ジョルディはいません

(*Per telèfon*)

Núria (*la mare d'en Jordi*) — Digui?

Marta — Hola, bon dia! És la casa d'en Jordi?

Núria — Sí.

Marta — Sóc la Marta, una amiga.

Núria — Ah, sí, bon dia, Marta. En Jordi no hi és ara.

És al consultori del doctor Ramis.

Marta — On és el consultori, si us plau?

Núria — És al carrer Comtal.

Marta — Moltes gràcies. Adéu. Bon dia.

Núria — De res. Adéu-siau. Bon dia.

【 単　語 】　　　　　　　　　　　　　　　CD 10

男, 女, 複 はそれぞれ男性名詞，女性名詞，複数形を示す

(per) telèfon	男 電話(で)	consultori	男 診療所
mare	女 母	del	de+el の縮約形
de	所有，帰属などを表す前置詞 ～の	doctor	男 医者　博士
digui?	電話を取ったときに言うことば，もしもし	on	場所をたずねる疑問詞　どこ
la	女性定冠詞	si us plau	ものを丁寧に頼んだり，訪ねたりするときに使う表現　どうか　どうぞ
casa	女 家		
d'en	de+人称冠詞の縮約形		
sí	はい　「いいえ」は no	carrer	男 通り
amiga	女　女友達，男性形は amic.	(moltes) gràcies	(大変)ありがとうございます
ah	了解を表す感嘆詞	adéu	さようなら
hi	ser と共に用いて存在を表す	de res	どういたしまして
ara	今	adéu-siau*	さようなら
al	場所を表わす前置詞 a+男性定冠詞 el の縮約形		

* adéu とニュアンスの違いはあまりない．bon dia などのあいさつは，最後の二行の例のように，別れ際にも用いる．

【 訳 】

(電話での会話)

ヌリア(ジョルディの母) ― もしもし．

マルタ ― もしもし，こんにちは．ジョルディさんのお宅ですか．

ヌリア ― はい，そうです．

マルタ ― 私はジョルディさんの友人のマルタです．

ヌリア ― ああ，マルタさん，こんにちは．でも，ジョルディは今留守です．ラミス先生の診療所に行っています．

マルタ ― 診療所の場所はどこですか．

ヌリア ― クンタル通りです．

マルタ ― どうもありがとうございます．さようなら．

ヌリア ― どういたしまして，さようなら．

【 解　　説 】

1　動詞 ser の用法 (2)

ここでは存在を表わす ser の用法を学びます．

　　L'escola és al carrer Balmes.（学校はバルメス通りにあります．）
　　ラスコラ　エスアル　カレー　バルメス

　　En Jordi no hi és.（ジョルディは不在です）
　　アン ジョルディ ノ　イ　エス

al の a は場所の前置詞．hi は「そこに」という意味の副詞的代名詞で，活用している動詞の前に来ます．

2　名詞の性

カタルーニャ語の名詞はすべて男性名詞か女性名詞に分類されます．

1)　生物の場合は，名詞の性は自然の性別に一致します．

　　pare男(父) — mare女(母), amic男(友だち) — amiga女(女友だち),
　　パラ　　　　マラ　　　　アミック　　　　　　　アミガ

　　fill 男(息子) — filla 女(娘), doctor 男(博士) — doctora 女(女博士)
　　フィイ　　　　フィリャ　　　　ドゥクトー　　　　　　ドゥクトーラ

2)　事物も，男女いずれかの性を持ちます．-a で終わる名詞には女性名詞が多い．-ió, -tud, -dat, -tat で終わる名詞は全て女性名詞です．それ以外の終わり方の名詞には男性名詞が多いです．

　　casa (家), taula (机), expressió (表現), ciutat (都市) などは女性名
　　カザ　　　タウラ　　　アススプラシオ　　　　シウタ

詞です．llibre (本), hospital (病院), diccionari (辞書) などは男性
　　　　　リィブラ　　　ウスピタル　　　　　ディクシウナリ

名詞です．ただし，例外も少なくなく，たとえば，dia (日),
　　　　　　　　　　　　　　　　　　　　　　　　　　　　　　　ディア
mapa (地図), avió (飛行機) などは男性名詞です．
マパ

26

3 名詞の数

1) 原則として，名詞の複数形は単数形に -s を加えて作ります．

llibre (本) → llibres　　doctor (博士) → doctors
リィブラ　　　　リィブラス　　ドゥクトー　　　　　ドゥクトース

2) アクセントの無い -a で終わる名詞は，-a を -e に変えてから s を付けます．

casa (家) → cases　　dia (日) → dies
カザ　　　　カザス　　ディア　　　ディアス

3) この他，不規則な複数形が多いので，注意が必要です．

boca (口) → boques　　pa (パン) → pans
ボカ　　　　ボカス　　　パ　　　　　パンス

gos (犬) → gossos　　pis (アパートの部屋) → pisos
ゴス　　　　ゴソス　　　ピス　　　　　　　　　　ピゾス

4 定冠詞

定冠詞は，特定の名詞や，既出の名詞，あるいは総称的な名詞の前に付くもので，その名詞の性・数に従って次の四つの形があります．

	単数	複数	
男性	**el** llibre アル リィブラ	**els** llibres アルス リィブラス	(本)
女性	**la** casa ラ カザ	**les** casas ラス カザス	(家)

定冠詞の男性単数形 el は，母音，または h+母音で始まる単語の前では l' という形になります．

l'esport (スポーツ)　　l'home (男)
ラスポー　　　　　　　　ロマ

女性単数形も母音，h+母音で始まる単語の前では l' という形になりますが，アクセントのない i, u, hi, hu の前では la のままです．

l'escola (学校)　　　　la universitat (大学)
ラスコラ　　　　　　　　ラ　ウニバルシタ

l'hora (時間)　　　　　la història (歴史)
ロラ　　　　　　　　　　ラ　イストリア

練習問題 **1**

1. 次の名前の前に適当な人称冠詞をつけましょう．

1) (　　　) Josep （男）　　2) (　　　) Maria （女）
3) (　　　) Robert （男）　　4) (　　　) Amèlia （女）
5) (　　　) Antoni （男）　　6) (　　　) Mercè （女）

2. 次の名詞に適当な定冠詞をつけましょう．

1) (　　　) llibres　　　　2) (　　　) cases
3) (　　　) consultori　　 4) (　　　) diccionaris
5) (　　　) dies　　　　　 6) (　　　) taula

3. 日本文の意味になるように(　　　)に適当な一語を入れましょう．

1) 彼らは学生です．(　　　) estudiants.
2) あなたは学生ですか．(　　　) vostè estudiant?
3) 我々はマドリード出身です．Som (　　　) Madrid.
4) 私もマドリード出身です．Sóc (　　　) Madrid (　　　).
5) Núria は留守です．La Núria no (　　　)(　　　).

4. 次の問いに **sí** で答えましょう．

1) Ets tu la Maria?
2) És vostè la Maria?
3) És vostè el pare d'en Josep?
4) Sou de Barcelona?

5. 次の問いに **no** で答えましょう.

1) Són vostès de Badalona?
2) Ell és en Jordi?
3) Sou vosaltres estudiants?
4) El doctor és al consultori?

あいさつのいろいろ

Bon dia.　おはよう・こんにちは.（起きてから，昼食(午後2時ごろ)まで）
Bona tarda. こんにちは.　（昼食後，暗くなるまで）
Bona nit.　こんばんは. おやすみなさい.

Hola!　やあ.

Com estàs (està, etc.)?　お元気ですか?
Què tal?　お元気ですか?
Com va això?　お元気ですか?
　以上の3つには Molt bé, gràcies. 元気です，ありがとう，と答えることができます．I tu(vostè, etc.)?（それで君は?）と相手に対する心遣いも忘れずに．

Encantat.（自分が女性なら Encantada.）　はじめまして．
Molt de gust.　はじめまして．

Adéu.　さようなら．
Adéu-siau.　さようなら．
Passi-ho bé.　お元気で．
Fins ara.　またあとで．
Fins després.　またあとで．
Fins demà.　また明日．

3 (tres) Hi ha dos consultoris.

診療所は二つあります

Marta — Si us plau, hi ha per aquí un consultori?

Senyora — Sí, hi ha dos consultoris al carrer Comtal.

Marta — Quin és el consultori del doctor Ramis?

Senyora — Al final del carrer, hi ha un restaurant. El consultori del doctor Ramis és al costat del restaurant.

Marta — Moltes gràcies.

Senyora — De res.

【 単　語 】　　CD 12

hi ha	存在を表す表現	dos	二　二つ
senyora	婦人　〜夫人	quin	疑問詞　どちら
per	だいたいの場所を表す前置詞　〜あたりに	al final de 〜	〜の終わりに
		restaurant	男　レストラン
aquí	ここ(に)	al costat de 〜	〜の隣に　横に

【 訳 】

マルタ ― すみません，この辺りに診療所はありますか．
婦　人 ― ええ，コンタル通りに，二つ診療所があるわ．
マルタ ― ラミス先生の診療所はどっちでしょう．
婦　人 ― 通りの終わりにレストランがあるわ．ラミス先生の診療所はレストランの隣よ．
マルタ ― どうもありがとうございました．
婦　人 ― どういたしまして．

【 解　説 】

1　不定冠詞

不定冠詞は，不特定の名詞の前につき，「一つの，ある，いくつかの」などの意味を表します．その名詞の性・数に従って次の四つの形があります．

	単数		複数	
男性	**un** llibre ウン リィブラ	（一冊の本）	**uns** llibres ウンス リィブラス	（数冊の本）
女性	**una** casa ウナ　カザ	（一軒の家）	**unes** cases ウナス　カザス	（数軒の家）

2　存在の表現—hi ha

hi ha は「ある，いる」という存在の表現です．英語の there is, there are にあたりますが，存在するものや人が単数でも複数でも常に形は hi ha です．

hi ha は，普通，不特定の名詞の存在を表現します．

Hi ha molts* estudiants a la classe. 教室には大勢の学生がいる．
イ　ア　モルツ　アストゥディアンツ ア ラ クラッサ　　　　　(*molt たくさんの)

ser を使った存在表現と比較してみてください．

En Joan i la Maria **són** a la classe. ジュアンとマリアは教室にいる．
アン ジュアン イ ラ マリア　　ソン　ア ラ クラッサ

しかし，特定の名詞に hi ha が使われることもあります．

Que **hi ha** en Jordi？ ジョルディはいますか．（que は疑問文で習
カ　イ　ア　アン ジョルディ
慣的に用いられる意味のない que）

3　数詞　（1〜20）

ここで，1〜20 までの数を覚えておきましょう．

1 un ウン　2 dos ドス　3 tres トレス　4 quatre クァトラ　5 cinc シンク

6 sis シス　7 set セット　8 vuit ブィット　9 nou ノウ　10 deu デウ

11 onze オンザ　12 dotze ドッザ　13 tretze トレッザ　14 catorze カトルザ

15 quinze キンザ　16 setze セッザ　17 disset ディセット　18 divuit ディブィット

19 dinou ディノウ　20 vint ビン

女性名詞の前では un は una に，dos は dues となります．

　　una casa　一軒の家　　dues cases　二軒の家
　　ウナ　カザ　　　　　　　ドゥアス カザス

4　疑問文

ここで疑問文の作り方を整理しておきましょう．

疑問詞を用いない疑問文は，動詞と主語の位置を入れ替え，文末に？を付けて作ります．読むときには語尾を上げるようにします．

　　Ets tu en Jordi? (君がジョルディかい)
　　エッットゥ アン ジョルディ

ただ，語順はそのままで，文末に？を付けるだけのこともよくあります．どちらも読むときには，語尾を上げます．

　　Tu ets en Jordi? (君がジョルディかい．)
　　トゥ エッツ アン ジョルディ

答えるときは sí (はい) または no (いいえ) を用います．

　　Sí, sóc en Jordi. (はい，僕がジョルディです．)
　　シー ソック アン ジョルディ

　　No, no sóc en Jordi. Sóc en Pere.
　　ノ　ノ ソック アン ジョルディ ソック アン　ペラ
　　　　　　(いいえ，僕はジョルディじゃありません．ペラです．)

疑問詞を用いる疑問文の語順は「疑問詞＋動詞＋主語」となります．

　　On és el consultori?　(→ 24 ページ)
　　オン エス アル クンスルトリ

4 (quatre)   **Com estàs?**

元気?

Marta — Hola, Maria! Com estàs?

Maria — Molt bé, gràcies. I* tu?

Marta — Molt bé, gràcies.

Maria — Qui és aquell noi alt i ros?

Marta — És en Jordi.

Maria — Com és en Jordi? És simpàtic?

Marta — Sí, és molt simpàtic i intel·ligent.

Maria — Què és això?

Marta — És un ordinador portàtil.

Aquest ordinador és d'en Jordi.

*i 〜と，そして 英語の and に当る

【 単　語 】

com	疑問詞　どのような　どのように	ros	金髪の
estàs	動詞 estar の二人称単数形　用法は後述	simpàtic	感じの良い
		intel·ligent	頭がいい
molt	とても	això	中性の指示代名詞　これ，この事　それ，その事
bé	元気で		
qui	疑問詞　誰		
aquell	あの	ordinador	男 コンピューター
noi	男の子 (noia 女の子)	portàtil	携帯の
alt	背が高い	aquest	この　その

【 訳 】

マルタ ― こんにちは，マリア. 元気？
マリア ― ありがとう，とっても元気よ. あなたは？
マルタ ― 元気よ，ありがとう.
マリア ― あの背の高い，金髪の男の子は誰？
マルタ ― ジョルディよ.
マリア ― ジョルディって，どんな人？ 感じがいい？
マルタ ― うん，とっても感じが良くて，頭がいいの.
マリア ― それ，何？
マルタ ― ポータブル・コンピューターよ.
　　　　これ，ジョルディのコンピューターなの.

【 解　　説 】

1　形容詞の性と数

　カタルーニャ語の形容詞は，修飾している名詞の性と数に一致します．形容詞の女性形は原則として，男性形に -a を付けて作ります．

　　　alt (背が高い) → alta　　　simpàtic (感じが良い) → simpàtica
　　　アル　　　　　　アルタ　　　シンパティック　　　　　　シンパティカ

ただし，intel·ligent (頭がいい)，amable (親切な) など，男女同形の
　　　　インタリジェン　　　　　アマッブラ

ものもあります．また，女性形が特殊な形になる場合も少なくありませんので，辞書などで確認することが必要です．

　　　bo (良い) → bona　　　　nou (新しい) → nova
　　　ボ　　　　　ボナ　　　　　ノウ　　　　　　ノバ

　　　groc (黄色い) → groga　　viu (生きている) → viva
　　　グロック　　　　グロガ　　　ビウ　　　　　　　　ビバ

形容詞の複数形の作り方は，名詞の複数形と同じです．

2　形容詞の用法

　形容詞が直接名詞を修飾する場合には，原則的に，名詞の後ろに付きます．

　　　un noi alt (背の高い男の子)
　　　ウン ノイ アル

　　　unes noies altes (背の高い女の子たち)
　　　ウナス ノイアス アルタス

ただし，少数ですが名詞の前につく形容詞もあります．

　　　una bona persona* (善良な人)
　　　ウナ　ボナ　　パルソナ

　　　　　　　　　　　　　　　　　　　　　　*persona 囡　人

　ser などの動詞を介して主語を修飾する場合にも，主語と形容詞の間には性・数の一致が起こります．

　　　Les noies són altes.　その女の子たちは背が高い．
　　　ラス ノイアス ソン アルタス

3 動詞 estar

動詞 estar は次のように活用します.

jo (私) ジョ	**estic** アスティック	nosaltres (我々) ヌザルトラス		**estem** アステム
tu (君) トゥ	**estàs** アスタス	vosaltres (君たち) ブザルトラス		**esteu** アステウ
ell (彼, それ) エイ		ells (彼ら, それら) エイス		
ella (彼女, それ) エリャ	**està** アスタ	elles (彼女ら, それら) エリャス		**estan** アスタン
vostè (あなた) ブステ		vostès (あなたがた) ブステス		

4 estar の用法

estar は後ろに形容詞や副詞を伴って，主に，主語の一時的な状態を表します.

El noi **està** malalt.　その男の子は病気である.
アル ノイ　アスタ　マラル

これに対し，ser の後ろに形容詞が来る場合には，恒久的な性質をあらわします. 比較してみてください.

El noi **és** intel·ligent.　その男の子は頭が良い.
アル ノイ　エス インタリジェン

5 指示形容詞・指示代名詞

現代カタルーニャ語では，「この，その」には同じ指示形容詞を使います. また，指示形容詞は，それが修飾している名詞の性・数に一致します.

単　数	複　数
aquest, aquesta (この,その) アケット　アケスタ	**aquests, aquestes** (これら,それらの) アケッツ　アケスタス
aquell, aquella (あの) アケイ　アケリャ	**aquells, aquelles** (あれらの) アケイス　アケリャス

指示形容詞は，そのままの形で指示代名詞(「これ，それ，あれ」)としても用いられます.

練習問題 2

1. 次の名詞に適当な不定冠詞をつけて意味を言いましょう．

1) (　　) estudiant　　2) (　　) estudianta　　3) (　　) llibres
4) (　　) cases　　5) (　　) dia　　6) (　　) carrer
7) (　　) amics　　8) (　　) amigues
9) (　　) universitat　　10) (　　) pisos

2. 例にならって，文末の（　　）内の数字を使って質問に答えましょう．

（例） —Quants* vasos hi ha sobre la taula?　(3)

（机の上にはいくつコップがありますか．）

—Hi ha tres vasos sobre la taula.

> *quant（いくつの，どれくらいの量の）という疑問詞は，次に来る名詞の性・数に一致して quant（男性単数），quanta（女性単数），quants（男性複数），quantes（女性複数）に変化します．

1) Quantes persones hi ha en aquesta casa?　(10)
2) Quants gossos* hi ha en aquest carrer?　(5)
3) Quantes cases hi ha en aquest carrer?　(9)
4) Quants ordinadors hi ha en aquesta escola?　(4)

*gos（男性名詞）　犬

3. 日本語の答えをカタルーニャ語に直しましょう．

1) On és el restaurant Xesc?　— 学校の前にあります．
2) On és la casa d'en Jordi?　— Mariaの家の隣です．

3) Què és això? ― 辞書です.
4) Aquella casa és la casa d'en Jordi? ― いいえ，あの家はMariaの家です.

4. （　）の中の形容詞を使って質問に答えましょう.
1) Com és la Maria. (alt i maco*)
2) Com són la Maria i en Jordi? (simpàtic)
3) Com és el ordinador portàtil? (petit)*
4) Com són les cases? (bonic)*

*maco（女性形 maca） きれいな, 素敵な　　petit 小さい　　bonic 美しい

5 (cinc) **En Jordi treballa o estudia?**

ジョルディは働いているの，それとも学生？

Maria — Entrem en aquest cafè?

Marta — D'acord.

Cambrer — Hola! Bon dia, senyoretes.

Maria i Marta — Bon dia.

Maria — Per a mi, un cafè amb llet, si us plau.

Marta — Per a mi, un tallat, si us plau.

Cambrer — D'acord, de seguida.

Maria — En Jordi treballa o estudia?

Marta — Estudia medicina. I a la tarda treballa al consultori del doctor Ramis, el seu oncle.

Maria — Ah, sí? El meu cunyat també és metge. Els metges treballen molt, oi?

Marta — Sí. I també guanyen força.

【 単　語 】

entrem	入る (entrar)
cafè	男 喫茶店　コーヒー
d'acord	賛成の意を表す表現
cambrer	男 ボーイ（ウエイトレスは una cambrera）
senyoreta	女 お嬢さん　未婚の女性
per a	〜のために，という前置詞句
mi	前置詞の後ろでは jo は mi となる
cafè amb llet	カフェオレ　llet 女 はミルク
tallat	男 デミタスのカップのコーヒーに少しだけミルクを入れたもの
de seguida	すぐに
treballa	働く (treballar)
o	または
estudia	勉強する (estudiar)
medicina	女 医学
a la tarda	午後に
oncle	男 叔父　叔母は una tia
cunyat	男 義理の兄弟　義理の姉妹は una cunyada
metge	男 医者　女医は una metgessa
també	〜もまた
molt	とても（たくさん）
oi?	文末につけると，相手に同意を求める付加疑問文になる
guanya	金を儲ける　勝つ (guanyar).
força	かなり

【 訳 】

マリア ― このカフェテリアにはいりましょうか．
マルタ ― いいわ．
ボーイ ― いらっしゃいませ，お嬢様方．
マリア，マルタ ― こんにちは．
マリア ― 私には，カフェオレ，お願いします．
マルタ ― 私は，ミルク入りのコーヒーをお願い．
ボーイ ― 承知しました．ただいま．
マリア ― ジョルディは働いているの，それとも学生？
マルタ ― 医学を勉強しているの．午後は叔父さんのラミス先生の診療所で働いているわ．
マリア ― あら，そう．私の義理の兄も医者よ．
お医者さんは忙しいでしょう．
マルタ ― そうね．でも，かなり稼いでいるわ．

【 解　　説 】

1　規則動詞の活用

　規則動詞というのは，一つの活用形を覚えておけば，そのグループに属する動詞の活用がすべてわかる，そういう動詞をいいます．カタルーニャ語の規則動詞は全部 **-ar** で終わると考えてください．そのモデルとして，**treballar**（働く）の活用形を次に載せておきます．

jo ジョ	treball**o** トラバリュ	nosaltres ヌザルトラス	treball**em** トラバリェム
tu トゥ	treball**es** トラバリャス	vosaltres ブザルトラス	treball**eu** トラバリェウ
ell エイ ella エリャ vostè ブステ	treball**a** トラバリャ	ells エイス elles エリャス vostès ブステス	treball**en** トラバリァン

　不定詞（＝活用していない形）treballar の語尾 -ar をとって太字の部分を付けることによって活用が成り立っていることがおわかりでしょう．entrar（入る）も，estudiar（勉強する）も，そして guanyar（儲ける）も同じ方法で活用形を作ることができます．（estudiar は，厳密には規則動詞ではありませんが，今のところ，そう考えておいてかまいません．）

2　所有形容詞

　「誰々の」という意味を表す所有形容詞は，それが修飾する名詞の性・数によって次のような形をとります．所有形容詞は原則として定冠詞と一緒に使われ，名詞の前に置かれます．

	単数		複数	
	男性	女性	男性	女性
私の	**el meu** アル メウ	**la meva** ラ メバ	**els meus** アルス メウス	**les meves** ラス メバス
君の	**el teu** アル テウ	**la teva** ラ テバ	**els teus** アルス テウス	**les meves** ラス メバス
彼(女), あなたの	**el seu** アル セウ	**la seva** ラ セバ	**els seus** アルス セウス	**les seves** ラス セバス
我々の	**el nostre** アル ノストラ	**la nostra** ラ ノストラ	**els nostres** アルス ノストラス	**les nostres** ラス ノストラス
君たちの	**el vostre** アル ボストラ	**la vostra** ラ ボストラ	**els vostres** アルス ボストラス	**les vostres** ラス ボストラス
彼(女)ら, あなたがたの	**el seu** アル セウ	**la seva** ラ セバ	**els seus** アルス セウス	**les seves** ラス セバス

君の家　la casa teva　　君たちの家　la vostra casa
　　　　ラ カザ テバ　　　　　　　　ラ ボストラ カザ

彼(女), 彼(女)ら, あなた(がた)の家　la seva casa
　　　　　　　　　　　　　　　　　　ラ セバ カザ

我々の数冊の本　els nostres llibres
　　　　　　　　アルス ノストラス リィブラス

「誰の?」という質問は次のようにします.

De qui és aquest llibre?　この本は誰のですか?
ダ キ　エス アケット　リィブラ

3　前置詞の後ろにくる人称代名詞

主語として用いた人称代名詞の中で jo は, 前置詞の後ろに来ると mi という特別な形になります. 残りの人称代名詞の形は同じです.

per a mi　私のために　　per a tu　君のために
パル ア ミ　　　　　　　パル ア トゥ

per a vostè　あなたのために
パル ア ブステ

6 (sis) Quantes hores dorms?

君は何時間眠るの？

Pere — Hola, Jordi! Com estàs?

Jordi — Estic una mica cansat.

Pere — Quantes hores dorms?

Jordi — Cinc o sis hores.

Pere — Potser estudies massa.

Jordi — Temo que sí.

Pere — Ei, qui és aquella noia tan maca?

Jordi — És la Marta, una amiga meva. Estudia literatura japonesa. Tradueix novel·les japoneses al català.

Pere — Ostres! El japonès és molt difícil, oi?

Jordi — Sembla que sí. Però és molt treballadora.

【 単　語 】

una mica	少し　いくぶん
cansat	疲れている（女性形は cansada）
hora	囡 時間
dorms	眠る　寝る（dormir）
potser	多分　おそらく
massa	過度に
temo	恐れる　案ずる（témer）
ei	相手の注意を引くための掛け声
tan	あんなに
una amiga meva	不定冠詞のついた名詞に所有形容詞をつけるときには，名詞に後置する
literatura	囡 文学
japonesa	日本の　日本人の　日本語の（男性形は japonès）
tradueix	翻訳する（traduir）
novel·la	囡 小説
català	男 カタルーニャ語
ostres!	驚きの表現
japonès	男 日本語　日本人
difícil	難しい
sembla	〜らしい　〜のように思える（semblar）
	Sembla que sí. は「そのようだ」Sembla que no. なら「そうではないようだ」
treballadora	働き者　勤勉な（男性形は treballador）

【 訳 】

ペ　　ラ ― やあ，ジョルディ，元気かい．
ジョルディ ― 少し疲れているんだ．
ペ　　ラ ― 君は何時間眠るの．
ジョルディ ― 5, 6 時間だな．
ペ　　ラ ― 多分，勉強しすぎだね．
ジョルディ ― そうじゃないかと思う．
ペ　　ラ ― なあ，あの可愛い子は誰だい．
ジョルディ ― マリアだよ．僕の友だちだ．日本文学を勉強しているんだ．日本語の小説をカタルーニャ語に翻訳しているよ．
ペ　　ラ ― なんてこった．日本語はとっても難しいんだろう．
ジョルディ ― そのようだね．でも彼女はとても勉強家なんだ．

【 解　　説 】

1　-ir で終わる動詞

　前課では，規則動詞の活用形を勉強しました．規則動詞は不定詞が **-ar** で終わる動詞の大部分を占めます．残りの -ar で終わる動詞と，それ以外の終わり方をする動詞は，多かれ少なかれ不規則な活用をします．

　しかし，そこには，ある程度の規則性があります．まず，dormir (眠る) のように **-ir** で終わる動詞を見てみましょう．dormir は次のように活用します．(ここから主語の代名詞は省きます.)

dormo ドゥルム	**dormim** ドゥルミム
dorms ドゥルムス	**dormiu** ドゥルミウ
dorm ドゥルム	**dormen** ドゥルマン

　sentir (感じる，残念に思う)，morir (死ぬ) などはこのグループに属します．

　このグループの動詞を「純粋動詞」と言います．「純粋動詞」は数が非常に限られています．

　これ以外に，活用の際に語中に **-eix-** が挿入されるような -ir 動詞のグループがあります．代表として，servir (仕える，役に立つ) の活用を挙げておきます．

serveixo サルベシュ	**servim** サルビム
serveixes サルベシャス	**serviu** サルビウ
serveix サルベシュ	**serveixen** サルベシァン

　(nosaltres, vosaltres の所では -eix- が挿入されないことに注意して下さい.)

このグループの動詞を「起動動詞」と言います.（なぜ「起動」なのかということは歴史的な経緯があるのですが，ここでは気にしないで下さい.）-ir で終わる動詞の大部分がこのグループに属します.

　ある -ir 動詞が「純粋動詞」か「起動動詞」かということは，不定詞の形からはわかりません．辞書や動詞変化表を見なければなりません.

2　-er で終わる動詞

　-er で終わる動詞の多くは次に挙げる témer (恐れる) と同じ活用をします.

temo　　　　**temem**
テム　　　　　タメム

tems　　　　**temeu**
テムス　　　　タメウ

tem　　　　**temen**
テム　　　　　テマン

　また，perdre (失う) のように -re で終わる動詞も原則的に témer と同じ活用をします．ただし，例外は非常に多いので，いずれにせよ，辞書や動詞変化表で確認することが必要です.

　皆さんの学習意欲を削ぐようなことを言って申し訳ありませんが，カタルーニャ語の動詞変化の特徴は，不規則変化動詞の多さです．重要な動詞については一つずつ根気よく覚えて行くしか方法はありません.

練習問題 **3**_____

1. 次の各動詞を(　)の中の主語に合わせて活用させましょう．

1) entrar (jo) _____　2) treballar (nosaltres) _____
3) estudiar (vostè) _____　4) guanyar (ella) _____
5) parlar* (tu) _____　6) cantar* (ells) _____

　　　　　　　　　　　　　　*parlar 話す　　cantar 歌う

2. 日本語の意味になるように(　)の中に適当な語を入れましょう．

1) 私の家は大きい．La (　　　　) casa és gran.
2) これは彼らの自動車だ．Aquest és el (　　　　) cotxe*.
3) 君のご両親は君のために働いているのだ．―僕のために？

　Els (　　　　) pares treballen per a (　　　　). ―Per a (　　　　)?

4) これは誰の本ですか．―それは我々のです．

　De qui és aquest llibre? ―És el (　　　　).

5) 彼らはどこの出身ですか．―彼らはフランス人です．

　D'on són? ―Són (　　　　).

　　　　　　　　　　　　　　　　　　　*cotxe 男 自動車

3. 次の各動詞を(　)の中の主語に合わせて活用させましょう．**1**〜**3**は起動動詞，**5, 6**は純粋動詞です．

1) llegir* (tu) _____　2) traduir (ells) _____
3) servir (nosaltres) _____　4) témer (jo) _____

5) dormir (vosaltres) _____

6) sentir (vostè) _____

*llegir 読む

4. 次の会話の日本語の部分をカタルーニャ語にしましょう．

Maria — Hola! Jordi. Com estàs?　　　　　　　　　**CD** 19
Jordi — とても元気だよ．ありがとう．君は？
Maria — 私は少し疲れ気味．
Jordi — Potser treballes massa.
Maria — そうかもしれないわ．

国の形容詞

　国名とその形容詞をいくつか次に挙げておきます．形容詞は，男性名詞として使われると国語を意味することができます．また，男性・女性名詞として用いられて国民を表します．

Japó 男 日本—japonès, -nesa
ジャポー　　　　　　　ジャポネス -ネザ

Catalunya 女 カタルーニャ—català, -lana
カタルーニャ　　　　　カタラー -ラナ

Espanya 女 スペイン—espanyol, -nyola
アスパーニャ　　　　　アスパニョル -ニョラ

Castella 女 カスティーリャ（スペインの別名，またはカスティーリャ地方）—castellà, -llana
カステーリャ　　　　　　　　　　　　　　　　　　カスタリャー -リャーナ

França 女 フランス—francès, -cesa
フランサ　　　　　　　フランセス -セザ

Alemanya 女 ドイツ—alemany, -nya
アラマーニャ　　　　　アラマーニィ -ニャ

Anglaterra 女 英国—anglès, -lesa
アングラテーラ　　　　アングレス -レザ

Xina 女 中国—xinès, -nesa
シーナ　　　　　　　　シネス -ネザ

Els Estats Units 男 複 アメリカ合衆国—nord-americà, -cana
アルス アスタッツ ウニッツ　　　　　　　　ノールダマリカー -カナ

49

7 (set) Et presento en Jordi.

あなたにジョルディを紹介するわ

Marta — Hola, Maria! Et presento en Jordi, un amic meu.

Maria — Hola, Jordi. Encantada.

Jordi — Hola, Maria. Encantat.

Maria — A on aneu?

Marta — Anem a la biblioteca. I tu?

Maria — Jo hi vaig també. Hi anem junts?

Marta i Jordi — Molt bé.

Marta — Què llegeixes ara?

Jordi — Llegeixo la novel·la nova de Quim Monzó.

Marta — Què et sembla? T'agrada?

Jordi — A mi em sembla interessant. Generalment, les novel·les de Monzó m'agraden.

Marta — A mi, no m'agraden gaire. Em semblen més aviat avorrides.

【 単　　語 】　　　　　　　　CD 21

et	間接目的語人称代名詞　二人称単数形　君に
presentar	紹介する
encantat	はじめまして　自分が女性の場合は，encantada となる
a on	どこへ　場所の疑問詞 on に方向を示す前置詞 a がついたもの
aneu	行く (anar)
anem	行く (anar)
biblioteca	囡 図書館
hi	そこへ
vaig	行く (anar)
molt bé	とても良い　ここでは賛同の意を表す
novel·la	囡 小説
nou, nova	新しい
Quim Monzó	現代カタルーニャ語文学を代表する作家の一人
què	「何」という疑問詞だが，ここでは「どう」という意味
t'	上記の間接目的語代名詞 et が母音で始まる語の前に来るとこういう形になる
agrada	気に入る (agradar)
interessant	興味深い，面白い
generalment	一般に　だいたい
no~gaire	「あまり~でない」の意味を表す
més aviat	むしろ
avorrit, avorrida	退屈な

【 訳 】

マ　ル　タ　　　　　— こんにちは，マリア．あなたに私のお友だちのジョルディを紹介するわ．
マ　リ　ア　　　　　— こんにちは，ジョルディ．はじめまして．
ジョルディ　　　　　— やあ，マリア．はじめまして．
マ　リ　ア　　　　　— あなたたち，どこへいくの？
マ　ル　タ　　　　　— 私たちは図書館へ行くの．で，あなたは．
マ　リ　ア　　　　　— 私もそうよ．一緒に行きましょうか？
マルタ，ジョルディ　— いいとも．
マ　ル　タ　　　　　— あなた，今何を読んでるの？
ジョルディ　　　　　— キム・ムンゾーの新しい小説を読んでるんだ．
マ　ル　タ　　　　　— どう，気に入った？
ジョルディ　　　　　— 僕は，面白いように思うね．だいたい，ムンゾーの小説は好きなんだ．
マルタ — 私は，あまり好きじゃないわ．どちらかというと退屈に思えるの．

【 解　　説 】

1　間接目的語人称代名詞

　～に，～のために，などを表す人称代名詞は次のような形をとります．これらの代名詞は原則として，活用している動詞の前に置かれます．

私に	em (アム)	我々に	ens (アンス)
君に	et (アト)	君たちに	us (ウス)
彼，彼女／それ，あなたに	li (リ)	彼ら，彼女ら／それら，あなた方に	els (アルス)

　この内，em と et は，母音（または h＋母音）で始まる語の前に来ると m', t' となり，後続の語とくっついてしまいます．

2　～が好きだ

　カタルーニャ語では，「～が好きだ」という表現では agradar を使います．ただし，好きである対象が主語になり，好きである主体は間接目的語で表されます．また，その主語は動詞より後に配置されることが多いのです．

M'agraden les novel·les de Monzó.
マグラダン　　ラス ヌベラス　　ダ ムンゾー

　　　　　　　　　　　　　　　　　　　　　　私はムンゾーの小説が好きだ．

(m' が間接目的語で表された好きである主体．les novel·les… が主語で表された対象物．)

　また，この間接目的語は，a＋人称代名詞で意味を補強されることがしばしばあります．

A tu, t'agraden les novel·les de Monzó?
ア トゥ タグラダン　　ラス ヌベラス　　ダ ムンゾー

　　　　　　　　　　　　　　　　　　　君はムンゾーの小説が好きですか？

会話の中に出てきた semblar（〜のように思える）も agradar とよく似た文型になります．

3 不規則動詞 anar（行く）

この動詞は，-ar で終わりますが，大変不規則な活用をします．

vaig バッチ	**anem** アネム
vas バス	**aneu** アネウ
va バ	**van** バン

4 -ment で終わる副詞

副詞の中には -ment で終わるものがたくさんあります．この種の副詞は形容詞に -ment をつけて作られます．形容詞に男女の区別がないものはそのまま，男女の区別がある場合は女性形に -ment をつけます．

general（一般の）　→　generalment（一般に）
ジャナラル　　　　　　　ジャナラルメン

nou, nova（新しい）　→　novament（新たに）
ノウ　ノバ　　　　　　　　ノバメン

鈴木先生に会いに行かなくては

8 (vuit) He d'anar a veure el professor Suzuki.

Maria — Coneixes la professora de literatura espanyola?

Marta — No, no la conec.

Maria — És molt severa. Haig d'anar a veure la professora aquesta tarda. Em pots acompanyar?

Marta — Em sap greu, però no puc venir amb tu. He d'anar a veure el professor Suzuki.

Maria — Ah! el conec també. És un senyor molt simpàtic.

Marta — Sí, i a més a més, sap ensenyar molt bé. Amb ell, aprenc moltes coses.

Maria — Quina sort!

【 単　語 】

conèixes　知っている (conèixer)
professor, professora　（中学校以上の）先生
la　直接目的語人称代名詞三人称単数女性形　彼女を
sever, severa　厳しい　厳格な
haig　haver の現在一人称単数形　de と共に義務の表現を作る
d'anar　前置詞 de と動詞 anar がくっついた形　de はこのように後ろに母音で始まる語が来ると d' となる
veure　見る　会う
aquesta tarda　今日の午後
pots　～できる (poder)
acompanyar　一緒に行く　付き添う
em　直接目的語人称代名詞一人称単数形　私を
em sap greu　「残念だ，申し訳ない」という意味の熟語
puc　～できる (poder)
venir　来る（話し相手のいる場所に移動するという意味でも用いられ，この場合は「行く」の意味になる）
amb　前置詞　～と一緒に
he　上記 haig の別形
sap　知っている　できる (saber)
ensenyar　教える
aprenc　学ぶ　覚える (aprendre)
molt, molta　たくさんの
cosa　囡 こと
quin, quina　疑問詞　どの　後ろに名詞を添えると感嘆文を作ることができる
sort　囡 幸運

【 訳 】

マリア ― あなた，スペイン文学の先生を知っている？
マルタ ― いいえ，知らないわ．
マリア ― とっても厳しいの．その先生に今日の午後会いに行かなきゃならないの．一緒に来てくれる？
マルタ ― 悪いけど，一緒には行けないわ．鈴木先生に会いに行かなきゃならないの．
マリア ― あー，私も知ってるわ．とても感じのいい人ね．
マルタ ― そうよ．それに教えるのがとても上手なの．あの先生からはたくさんのことを学べるわ．
マリア ― なんて運がいいんでしょう！

【 解　　説 】

1　不規則動詞

ここでもいくつか不規則な動詞が出てきました．活用を覚えましょう．

conèixer (知っている)
クネシャー

conec クネック	coneixem クナシェム
coneixes クネシャス	coneixeu クナシェウ
coneix クネシュ	coneixen クナシェン

venir (来る)
バニー

vinc ビンク	venim バニム
véns ベンス	veniu バニウ
ve ベ	vénen ベナン

aprendre (覚える)
アペンドラ

aprenc アプレンク	aprenem アプラネム
aprens アプレンス	apreneu アプラネウ
aprèn アプレン	aprenen アプレナン

poder (できる)
プデー

puc プック	podem プデム
pots ポッツ	podeu プデウ
pot ポット	poden ポダン

saber (知っている)
サベー

sé セ	sabem サベム
saps サプス	sabeu サベウ
sap サップ	saben サバン

haver (義務の表現を作る)
アベー

he または haig　エ　アッチ	hem エム
has アス	heu エウ
ha ア	han アン

2　conèixer と saber

conèixer はある人に会ったことがあるから知っている，ある場所に行ったことがあるから知っているなどの場合に使います．一方，saber は情報や知識をもっているという意味です．

Conec el teu pare.
クネック　アル テウ　パラ

私は君のお父さんを知っている．

Sé que ets japonès.
セ　カ　エッツ　ジャプネス

私は君が日本人だということを知っている．

3　poder と saber

poder+不定詞が「肉体的，環境的条件によって可能だ」という意味なのにたいして，saber+不定詞は「能力的に可能だ」という意味です．

Sé nedar* però avui no **puc**(nedar) perquè* estic refredat*.
セ　ナダー　　　パロー　アブイ ノ　プック（ナダー）　パルケ　　アスティック ラフラダット

私は泳げる（泳ぎ方を知っている）が，今日は風邪を引いているので泳げない．

　*nedar　泳ぐ　　　perquè　なぜならば　　　　refredat, -dada　風邪を引いている．

4　直接目的語人称代名詞

ここでは「〜を」と訳せる，直接目的語の人称代名詞を覚えましょう．

私を	em アム	我々を	ens アンス
君を	et アト	君たちを	us ウス
彼, それを (男性名詞) あなたを (男性)	el アル	彼ら, それらを (男性名詞) あなたがたを (男性)	els アルス
彼女, それを (女性名詞) あなたを (女性)	la ラ	彼女ら, それらを (女性名詞) あなたがたを (女性)	les ラス

　間接目的語と違うのは三人称のところだけです．em, et, el, la は母音（または h＋母音）で始まる語の前では，それぞれ m', t', l', l' となります．（→ 120 ページ）

練習問題 **4**

1. 次の各動詞を(　　)の中の主語に合わせて活用させましょう．

1) anar (jo) ＿＿＿＿＿　　2) anar (nosaltres) ＿＿＿＿＿
3) conèixer (ell) ＿＿＿＿＿　　4) saber (jo) ＿＿＿＿＿
5) haver (vosaltres) ＿＿＿＿＿
6) aprendre (vostè) ＿＿＿＿＿

2. 日本語の意味になるように(　　)に適当な語を入れましょう．

1) 君はこれらの本が好きですか．

A (　　), t'(　　　　) aquests llibres?

2) 私たちは図書館に行かねばならない．

(　　) d'anar a la biblioteca.

3) これらの家をどう思う？ —とてもきれいだと思う．

Què et (　　　　) aquestes cases? —A mi, em (　　　　) boniques.

4) この子たちはもう話せる．

Aquests nens ja (　　　) parlar.

5) 今日，我々は先生に会えない．

No (　　　　) veure el professor avui.

3. 下線の名詞を代名詞に変えて次の各文を書き換えましょう．

1) Llegeixo la novel·la de Monzó. →
2) Presento la Maria a en Jordi. →
3) No conec la professora Vila. →

4) He de llegir aquest llibre. →

4. 次の各質問の答えを完成させましょう.

1) Pots venir amb nosaltres? —No,

2) T'agrada cantar? —Sí,

3) Saps nedar? —No,

4) Et sembla interessant aquesta pel·lícula? —No,

5. 次の会話の日本語の部分をカタルーニャ語にしましょう. **CD** 24

Martí — Hola! Jordi. Et presento la meva amiga Joana.

Joana — はじめまして.

Jordi — はじめまして. Joana, 君は学生?

Joana — Sí. Sóc estudianta de filologia catalana*. I tu?

Jordi — 僕も学生です. Pere を知ってる?

Joana — ええ, 私は彼をよく知っているわ.

*filologia catalana　カタルーニャ語学

Madrid vs. Barcelona

カタルーニャには独自の言語・文化があり, 人口, 経済力, 面積, どれをとっても, 一国を成すのに十分です. それが歴史上の紆余曲折によって一地方の地位に甘んじている, という思いは多くのカタルーニャ人が持っています. 内戦後約40年にわたりフランコ独裁政府に弾圧されたこともしこりとなっています. スペイン随一の経済力にも関わらず, マドリードの中央政府に税金を吸い上げられるばかりで, ちっともその政策の恩恵にあずかっていないという不満もあります. しかし, 現実主義ゆえに, バスク地方のような分離独立主義者はほとんどいません. その思いは, サッカー (futbol) のバルサ (Barça)—レアル・マドリード (Real Madrid) 戦の熱狂となって現れるぐらいなのです.

9 (nou) 悪いけど時間がないんだ
Em sap greu, però no tinc temps.

Marta — Hola, Jordi! Què penses fer aquesta tarda? Saps que fan una pel·lícula molt interessant al cinema Novetats? Per què no anem a veure-la?

Jordi — Em sap greu, però no tinc temps. He d'estudiar. Tinc un examen demà.

Marta — Vinga, anem-hi. No vull anar-hi sola.

Jordi — D'acord, d'acord. Com quedem?

Marta — A les cinc, davant del cine. Què et sembla?

Jordi — Molt bé. Quedem així.

Marta — Vols prendre alguna cosa abans?

Jordi — Què?

Marta — D'acord, d'acord. No tens temps, oi? Has d'estudiar per a l'examen.

Jordi — Em sap molt de greu.

【 単　語 】

pensar	考える　〜しよう と思う	temps	男 時間
fer	する	examen	男 試験
pel·lícula	女 映画	vinga	相手を誘う掛け声
cinema	男 映画館　映画 cine と略すこ とも多い	hi	そこへ
		vull	〜したい (voler)
		sol, sola	一人の
per què no 〜	〜しませんか	quedar	待ち合わせる
anar a 〜	〜しに行く	a les cinc	五時に
em sap greu	残念だ　強調する ときは greu の 前に molt de を入れる.	davant de	〜の前に
		així	そのように
		prendre	(飲み物, 食べ物 を)とる
		alguna cosa	何か
tinc	持っている (tenir)	abans	前に

【 訳 】

マ ル タ　― こんにちは，ジョルディ．今日の午後は何をするつもり？　ヌ ベタッツ劇場でとっても面白い映画をやってるの知ってる？ 見に行きましょうよ．

ジョルディ ― 残念だけど，時間がないんだ．勉強しなきゃ．明日試験があ るんだ．

マ ル タ　― ねえ，行きましょうよ．一人じゃ行きたくないわ．

ジョルディ ― わかった，わかった．どうやって待ち合わせよう？

マ ル タ　― 五時に，映画館の前で．どう？

ジョルディ ― いいよ．そうしよう．

マ ル タ　― その前に何か飲む？

ジョルディ ― 何だって？

マ ル タ　― わかった，わかった．時間がないのよね？　試験勉強をしなく ちゃならないのね．

ジョルディ ― 本当に悪いんだけど．

【 解　　説 】

1　不規則動詞

新しく出てきた不規則動詞の活用を覚えましょう．

fer (する)		**tenir** (持っている)		**voler** (〜したい)	
フェー		タニー		ブレー	
faig	**fem**	**tinc**	**tenim**	**vull**	**volem**
ファッチ	フェム	ティンク	タニム	ブイ	ブレム
fas	**feu**	**tens**	**teniu**	**vols**	**voleu**
ファス	フェウ	テンス	タニウ	ボルス	ブレウ
fa	**fan**	**té**	**tenen**	**vol**	**volen**
ファ	ファン	テ	テナン	ボル	ボラン

2　pensar, voler の用法

pensar は「考える」という意味ですが，後ろに動詞の不定詞が来ると，「〜しようと思う」という意志を表す表現になります．

　　　Penso anar a la universitat amb taxi.
　　　ペンス　アナー　ア ラ　ウニバルシター　アム　タクシ
　　　　　　　　　　　　　　　　　　私は大学にタクシーで行こうと思う．

voler は後ろに名詞が来ると「〜が欲しい」という意味ですが，動詞の不定詞が来ると，「〜したい」という願望，欲求を表します．

　　　Vull un cafè.　　　　　　私はコーヒーが一杯欲しい．
　　　ブイ　ウン　カフェ

　　　Vull prendre un cafè.　　私はコーヒーを一杯飲みたい．
　　　ブイ　ペンドラ　　ウン カフェ

3　一般的な主語を表す三人称複数

主語を特定できないとき，特定したくないときには，動詞の三人称複数形を使うことがあります．上の会話中の **Fan** una pel·lícula molt interessant al cinema Novetats. がその例です．

4　副詞的代名詞 hi

hi は「そこへ」という意味を表す副詞的代名詞です．動詞の後ろに来るときには -hi という形になります．

  Quan penses anar-hi?　　　君はいつそこへ行くつもりか？
  クアン　ペンサス　アナーリ

存在表現 hi ha… の hi もこれです．

バルセロナの楽しみ方

　この人口約 150 万の大都市には，様々な楽しみ方があります．まずは，街自体の魅力．中世の雰囲気がそのままのこっているゴシック街 (Barri Gòtic) から，流行の最先端を行くウォーターフロントのマーレ・マグヌム (Mare Màgnum)．その中に，ピカソ美術館 (Museu Picasso)，ミロ美術館 (Fundació Miró)，カタルーニャ美術館 (Museu de Catalunya)，タピエス美術館 (Fundació Tàpies) 等々，たくさんの美術館が散らばっています．もちろん，ガウディ (Antoni Gaudí) 設計の建物の数々，そしてグエイ公園 (Park Güell) も見逃せません．スペインで一番ファッショナブルな都市ですから，ショッピングにも最適です．高級用品店ならグラシア通り (Passeig de Gràcia) やランブラ・ダ・カタルーニャ通り (Rambla de Catalunya)．庶民的なお店を楽しみたければプルタル・ダンジャル通り (Portal d'Àngel) からプルタフェリザ通り (Portaferrisa) 辺りが良いでしょう．カタルーニャ広場 (Plaça de Catalunya) から港へと続くランブラス通り (Rambles) の散歩もお勧めです．途中で，ブカリア市場 (Boqueria) も覗いてみましょう．もちろん，お腹がへったらバル (bar) でつまみ (tapes) にワイン (vi) といきましょう．音楽好きの方，新装なったリセウ・オペラ劇場 (Gran Teatre de Liceu)，カタルーニャ音楽堂 (Plau de la Música Catalana) へどうぞ．そして，観劇もお忘れなく．国立劇場 (Teatre Nacional) のような大劇場から自由劇場 (Teatre Lliure) のような小劇場まで，上質のカタルーニャ語演劇をほとんど一年中たっぷりと楽しむことができます．

10 (deu) A mi m'agrada banyar-me.

私はお風呂が好き

Marta — Em vols explicar què fas normalment?

Jordi — Doncs, m'aixeco cap a les set del matí, em rento la cara, m'afaito, em canvio...

Marta — Prou, prou. No vull saber aquestes coses. Vull saber què fas per entretenir-te o per divertir-te en el temps lliure.

Jordi — Si tinc temps, normalment llegeixo. A vegades, faig fúting per mantenir-me en forma. I tu, què fas?

Marta — Jo? A mi m'agrada banyar-me.

Jordi — Banyar-te? Això és la teva afició?

Marta — Sí. Em trec la roba, em fico a la banyera plena d'aigua calenta... que bo!

Jordi — ...

【 単　語 】

explicar	説明する
normalment	普通は
doncs	ええと　言いよどむ言い方
m'aixeco	起きる (aixecar-se)
cap a	〜頃
a les set	7時に
el matí	朝　午前
em rento	自分の体を洗う(rentar-se)
cara	女 顔
m'afaito	髭を剃る (afaitar-se)
em canvio	着替える(canviar-se)
prou	じゅうぶん
entretenir-te	楽しむ　暇つぶしをする (entretenir-se)
divertir-te	楽しむ (divertir-se)
el temps lliure	自由な時間　余暇
llageixo	読む　読書する (llegir)
si	もし
a vegades	ときには
fúting	男 ジョギング
per	〜のために
mantenir-me	維持する (mantenir-se)
en forma	良い体調で
banyar-me	入浴する(banyar-se)
afició	女 趣味
em trec	脱ぐ (treure's)
roba	女 服
em fico	中に入る (ficar-se)
banyera	女 バスタブ
plena de	〜でいっぱいの(男性形 ple)
aigua	女 水
calent, calenta	熱い
que bo!	なんて気持ちがいいんだろう　感嘆文

【 訳 】

マルタ ― 普段は何をしているのか教えてくれる？

ジョルディ ― えーと，朝7時ごろ起きて，顔を洗って，髭を剃って，着替えて…

マルタ ― もうわかったわ，わかったわ．そういうことを知りたいんじゃないの．私はあなたが暇なときに何をして楽しむのかを知りたいのよ．

ジョルディ ― 暇があったら，普通は読書をするな．ときには,体調を維持するためにジョギングをすることもある．で,君は何をするんだい？

マルタ ― 私？　私はお風呂に入るのが好き．

ジョルディ ― 風呂に入る？　それが君の趣味なのかい？

マルタ ― そうよ．服を脱いで，熱いお湯が一杯のバスタブに入る，なんて気持ちいいんでしょう．

【 解　　説 】

1　再帰動詞

「再帰」というのは，主語が行った行為が主語自身に「再び帰って来る」という意味です．つまり，「自分自身を〜する」という意味です．たとえば，aixecar は「起こす」という意味ですが，aixecar-se という再帰動詞の形にすると「自分自身を起こす＝起き上がる」という意味になります．

2　再帰動詞の活用形

再帰動詞は普通，動詞に「自分自身を」という意味の代名詞（再帰代名詞）を付けて作ります．

banyar-se（風呂に入る）
バニャルサ

em banyo　アム バニュ	**ens banyem**　アンス バニェム
et banyes　アト バニャス	**us banyeu**　ウス バニェウ
es banya　アス バニャ	**es banyen**　エス バニャン

再帰代名詞 se は主語に応じて6通りに変化し，活用した動詞の前に置かれます．また，再帰動詞を不定詞のままで使うときはそれぞれの再帰代名詞は少し形を変えて，不定詞の後ろにつくこともできます．

私は入浴できる	Puc banyar-**me**. (＝Em puc banyar.)
君は入浴できる	Pots banyar-**te**. (＝Et pots banyar.)
彼は入浴できる	Pot banyar-**se**. (＝Es pot banyar.)
我々は入浴できる	Podem banyar-**nos**. (＝Ens podem

	banyar.) バニャー	
君たちは入浴できる	Podeu banyar-vos. プデウ　バニャル　ブス	(=Us podeu 　　ウス　プデウ banyar.) バニャー
彼らは入浴できる	Poden banyar-se. ポダン　バニャルサ	(=Es poden 　　アス　ポダン banyar.) バニャー (→ p. 122)

3　直接再帰と間接再帰

　上で見た再帰動詞では，aixecar (起こす) → aixecar-se (自分自身を起き上がらせる＝起き上がる) というように，se が「自分自身を」という直接目的語の役割をしていました．このような用法を直接再帰といいます．

　一方，'Em rento la cara.' (私は顔を洗う) という文では，la cara「顔を」が直接目的語で，再帰代名詞の em は間接目的語になります．このような用法を間接再帰といいます．間接再帰では再帰代名詞は，直接目的語になっているものが「自分自身の体の一部，または自分が身につけているものである」ことを表します．

4　不規則動詞

　新しく出てきた不規則動詞の活用を覚えましょう．

treure　(取り除く，脱がす)
トレウラ

trec トレック	**traiem** トライエム
treus トレウス	**traieu** トライエウ
treu トレウ	**treuen** トレウアン

練習問題 5

1. ( )の主語に合わせて次の動詞を活用させましょう．
1) tenir (jo) _____
2) tenir (vosaltres) _____
3) voler (jo) _____
4) fer (jo) _____
5) fer (nosaltres) _____
6) treure (jo) _____
7) treure (vosaltres) _____

2. 日本語の意味になるように( )の中に適当な語を入れましょう．

1) 私たちは今日の午後，図書館に行こうと思っています．

   (   ) anar a la biblioteca aquesta tarda.

2) 7時に大学で待ち合わせましょう．

   (   ) a les set a la Universitat.

3) 私はお金がないので，その車が買えません．

   No (   ) comprar* aquest cotxe perquè no (   ) diners**.

4) 私に君が何を考えているか説明してくれますか．

   Em (   ) explicar què (   )?

   *comprar 買う **diners（男性名詞　普通は複数形）お金

3. ( )の中の再帰動詞を適当に活用させて日本語の意味になるようにしましょう．

1) Joan は7時に起きます．En Joan (aixecar-se) a les set. →
2) 我々はここで着替えます．(canviar-se) aquí. →

3) 私は朝, シャワーに入る. (dutxar-se) al matí. →

4) 私は靴を脱ぎたくない. No vull (treure's) les sabates*. →

5) その子たちは手をよく洗います. Els nens (rentar-se) les mans* bé. →

6) 私は暇つぶしにジョギングをする. Faig fúting per (entretenir-se). →

7) Núria と Joan は愛し合っています. La Núria i en Joan (estimar-se)**.

8) Núria と Joan はもうすぐ結婚します. La Núria i en Joan (casar-se)** aviat*. →

*sabata (女性名詞)靴　　mà (女性名詞)手　　aviat　やがて
**estimar-se　愛し合う　　casar-se　結婚する (再帰動詞は, 主語が複数のとき,「お互いに~し合う」という意味になることがあります.)

4. 次の会話の日本語の部分をカタルーニャ語にしましょう. **CD** 29

Marc ― 今日の午後, ジョルディに会いに行かないかい?

Pere ― Aquesta tarda, no tinc temps.

Marc ― 君は何をしなければならないの?

Pere ― Haig de fer fúting.

Marc ― 君はジョギングをするのが好きなの?

Pere ― Sí, molt.

11 (onze) Vull saber si fa bon temps demà.

明日よい天気か知りたいの

Maria — Hola, Marta! Què estàs llegint?

Marta — Estic llegint el diari. Vull saber si fa bon temps demà.

Maria — Per què vols saber-ho?

Marta — Perquè anem d'excursió demà.

Maria — Amb qui?

Marta — Amb en Jordi. Vols venir també?

Maria — No us importa?

Marta — No! No ens importa gens. Al contrari. Per cert, no tens calor amb aquest jersei?

Maria — No. Porto el jersei perquè fa fred avui.

Marta — Que fa fred? Què dius? Fa calor. No veus que porto només una samarreta?

Pere — Hola, Marta! Hola, Maria! Quin fred fa avui, eh?

Marta — ...

【 単　語 】

llegint	llegir (読む)の現在分詞
diari	男 新聞
si	～かどうか
fa	天候　気候が～である (fer)
demà	明日
ho	そのこと　中性代名詞
excursió	女 遠足
anar d'excursió	遠足に行く
amb	～と　前置詞
qui	誰
importa	不都合である(importar)
no ～ gens	ぜんぜん～ではない
al contrari	まったく逆に　それどころか
per cert	ところで
calor	女 暑さ
jersei	男 セーター
porto	着ている (portar)
fred	男 寒さ
avui	今日
que fa…	この que は疑問文を導入するための意味の無い que
dius	言う (dir)
veus	見る (veure)
només	～しか
samarreta	女 Tシャツ
eh?	相手に同意を求める掛け声

【 訳 】

マリア ― こんにちは，マルタ．何を読んでいるの．
マルタ ― 新聞を読んでいるの．明日，良い天気かどうか知りたいの．
マリア ― なぜそんなこと知りたいの？
マルタ ― 私たちは明日，遠足に行くから．
マリア ― 誰と？
マルタ ― ジョルディよ．あなたも来る？
マリア ― ご迷惑じゃないかしら？
マルタ ― いいえ，全然迷惑なんかじゃないわ．その反対よ．
　　　　　ところで，そんなセーター着て暑くないの？
マリア ― いいえ．今日は寒いからセーターを着てるのよ．
マルタ ― 寒いですって？　何言っているの．暑いわ．ご覧なさい，私なんかTシャツ1枚よ．
ペ ラ ― やあ，マルタ，やあ，マリア．なんて寒いんだろう！
マルタ ― …

【 解　　説 】

1　不規則動詞

新しく出てきた不規則動詞の活用を覚えましょう．

　　　　dir（言う）　　　　　　**veure**（見る）
　　dic　　**diem**　　　　**veig**　　**veiem**
　　dius　**dieu**　　　　　**veus**　**veieu**
　　diu　**diuen**　　　　 **veu**　　**veuen**

2　動詞の現在分詞と現在進行形

現在分詞は不定詞が -ar で終わる動詞は -ant を，-ir で終わる動詞は -int を，-er, -re で終わる動詞は -ent を，それぞれ語尾の代わりにつけて作ります．

　　　　parlar（話す）　→　**parlant**
　　　　llegir（読む）　 →　**llegint**
　　　　perdre（失う）　→　**perdent**

ただし，dir（言う）→ dient, escriure（書く）→ escrivint, aprendre（覚える）→ aprenent などのように不規則な現在分詞も若干ありますので，辞書，変化表などで確認が必要です．

現在分詞は，estar と共に用いられて，現在進行形を作ります．

Estic parlant amb el meu pare.

　　　　　　　　　　　　　　　　私は父と話しているところだ．

ただ，カタルーニャ語では，「今まさに～しつつあるところだ」ということを表したい場合いがいには現在進行形はあまり使われません．たいてい普通の現在形で済ませてしまいます．

3 天候・気候の表現

天候は fer の三人称単数形を使って表します.

  Fa bon temps. 良い天気だ. Fa sol. 陽が照っている.
  Fa mal temps. 天気が悪い. Fa vent. 風が吹いている.
  Fa calor. 暑い. Fa fred. 寒い.

暑さ,寒さについて,誰がそれを感じているかを表現したいときには tenir を使います.

  Tinc calor. 私は暑い. No tens fred? 君,寒くない?

4 感嘆文

今までいくつか感嘆文が出てきました. ここでまとめておきます. 一つは quin(a)+名詞!の形です.(quin(a) は名詞の性・数に一致します.)

  Quin fred fa avui! 今日はなんて寒いんだ!

もう一つは, que+形容詞・副詞の形です.

  Que bé parles català! 君はなんてカタルーニャ語が上手なんだ!

カタルーニャの伝統芸能

　カタルーニャの伝統芸能の代表は sardana という皆が輪になって踊る穏やかな踊りと,超高層人間ピラミッド castell でしょう. sardana は共同体構成員の協調性を強調した踊りだと言われています. また,castell の方も,土台になる人から上に登る人までそれぞれの役割をわきまえ力を合わせて全体の発展を目指す国民性が現れた芸能だといいます. sardana は本当は難しい踊りなのですが,見よう見真似で観光客も輪に入れてもらうことができます. castell はときには建物の3,4階ほどもの高さになることがあるスリリングなものです.

　スペインと言えばフラメンコに闘牛,というのが日本でのイメージですが,カタルーニャではこの二つはあまり人気がありません. スペイン文化とカタルーニャ文化は別のものなのですから当然のことですが.

12 (dotze) M'he llevat a les vuit.

僕は8時に起きた

Pere — Hola, amics! Bon dia. Com esteu?

Marta — Ja són les nou. T'hem estat esperant durant mitja hora.

Jordi — A quina hora t'has llevat?

Pere — Em sap molt de greu. M'he llevat a les vuit. És que aquesta setmana he tingut tres exàmens i he hagut d'estudiar molt. No he dormit gaire.

Maria — Pobre Pere! T'entenc perfectament. Per cert, què heu portat per a menjar?

Marta — He portat un parell d'entrepans.

Jordi — Jo també.

Pere — He portat un parell de pomes.

Tots — Què?

Pere — És que m'he engreixat massa aquests dies i ara m'he d'aprimar.

Maria — Pobre Pere!

【 単　　語 】　　　　　　　　　CD 33

a les nou	9時に
hem estat	estar の現在完了
esperant	esperar (待つ) の現在分詞 hem estat esperant は現在完了進行形
durant	〜の間
mig, mitja	半分の
a quina hora	何時に
t'has llevat	llevar-se (aixecar-se の類義語)の現在完了
m'he llevat	llevar-se の現在完了
a les vuit	8時に
és que	実は〜なのだ
setmana	女 週
he tingut	tenir の現在完了
he hagut de	haver de の現在完了
no he dormit	dormir の現在完了
no〜gaire	あまり〜ない
pobre	(名詞の前につくと)かわいそうな (後ろにつくと)貧しい
entenc	理解する (entendre)
perfectament	完全に
menjar	食べる
un parell de	二つの
entrepà	男 フランスパンのサンドイッチ
poma	女 りんご
m'he engreixat	engreixar-se(太る)の現在完了
aquests dies	最近
m'he d'aprimar	aprimar-se (やせる) の義務表現

【 訳 】

ペ　　ラ　　— やあ, みんな. おはよう. 元気?
マ　ル　タ　— もう9時よ. 私たち, あなたのことを30分も待っているのよ.
ジョルディ　— 何時に起きたんだい?
ペ　　ラ　　— 本当に申し訳ない. 実は今週は試験が三つもあって, すごく勉強しなけりゃならなかったんだ. あんまり寝てないんだ.
マ　リ　ア　— かわいそうなペラ. 本当によくわかるわ. ところで, あなたたち食べ物は何を持ってきたの?
マ　ル　タ　— 私はサンドイッチを二つ.
ジョルディ　— 僕もだ.
ペ　　ラ　　— 僕はりんごを二個持ってきた.
皆　　　　　— 何だって?
ペ　　ラ　　— 実は最近太りすぎちゃって, やせなきゃならないんだ.
マ　リ　ア　— かわいそうなペラ!

【 解　説 】

1　現在完了 (1)

現在完了は，まず，今朝 aquest matí, 今日 avui, 今週 aquesta setmana, 今月 aquest mes, 今年 aquest any など，「今」という字を含む時間内(つまり現在との関係が強く意識されている過去)に起こったことを表すのに使われます．

　　　He estudiat molt aquest mes.　　私は今月よく勉強した．

また，すでに完了した行為，つまり「～してしまった」という意味も表します．

　　　Ja* **he dinat***.　　　　　　　　私はもう昼食をとった．
　　　Encara* no **he dinat**.　　　　　私はまだ昼食をとっていない．
　　　　*dinar　昼食をとる　　　ja　すでに　　　encara　まだ

その活用は，haver の現在形 (haig は使えません)＋動詞の過去分詞で作られます．

原則として，-ar で終わる動詞の過去分詞は -ar を -at に代えて作ります．-er, -re で終わる動詞は，語尾を -ut に，-ir で終わる動詞は -it に代えて作ります．

　　　　portar (運ぶ)　　　　　　　　**perdre** (失う)
　　he portat　　**hem portat**　　　**he perdut**　　**hem perdut**
　　has portat　 **heu portat**　　　**has perdut**　 **heu perdut**
　　ha portat　　**han portat**　　　**ha perdut**　　**han perdut**

　　　　dormir (寝る)
　　he dormit　　**hem dormit**
　　has dormit　 **heu dormit**
　　ha dormit　　**han dormit**

過去分詞には不規則なものもあるので，辞書や変化表で確認することが必要です．次に不規則な過去分詞のうち主なものだけいくつか挙

げておきます.

ésser (〜である)—**estat** (estar と共通)　entendre (理解する)—**entès**
treure (脱がす)—**tret**　　　　　　　fer (する)—**fet**
conèixer (知る)—**conegut**　　　　　escriure (書く)—**escrit**
dir (言う)—**dit**　　　　　　　　　 veure (見る)—**vist**

現在完了が目的語人称代名詞, 再帰代名詞を伴うときは, 代名詞は haver の活用形の前に置かれます.

L'he vist aquest matí.　　　私は彼を今朝見た(彼に今朝会った).
M'he llevat a les vuit.　　　私は8時に起きた.

2　時刻の表し方

Quina hora és? これが「今何時?」という質問です. これに対し, 1時であれば És la una. 2時以降は複数形で Són les tres. (3時です) というふうに答えます. つまり, 時刻は, 「女性定冠詞＋基数」で表されるわけです. (1 と 2 は女性形 una, dues を使います)

「〜時に(〜する)」というときは, a を時刻の前につけます.

A quina hora t'has llevat? 君は何時に起きたのか?
M'he llevat a les vuit.　　　私は8時に起きました.

3　不規則動詞

新しく出てきた不規則動詞 entendre とその類義語 comprendre の現在形を覚えましょう.

entendre (理解する)		**comprendre** (理解する)	
entenc	entenem	comprenc	comprenem
entens	enteneu	comprens	compreneu
entén	entenen	comprèn	comprenen

(三人称単数形の e の上のアクセントの向きが逆であることに注意してください.)

練習問題 **6**

1. 次の各文を現在進行形を使った形に直しましょう.

1) En Joan llegeix un llibre. →
2) Escoltem* la música.* →
3) En Josep i la Núria escriuen una carta. →
4) La Marta ho mira*. →

  *escoltar 〜に耳を傾ける   música 音楽   mirar 見る

2. 次の各文の下線部を強調する感嘆文を作ってください.

1) Cantes molt <u>bé</u>. →
2) Aquest pastís* és molt <u>bo</u>. →
3) Fa molta <u>calor</u> avui. →

  *pastís 男 ケーキ

3. 次の各問いの答えを完成しましょう.

1) Has llegit aquest llibre ja? —No,
2) Heu vist en Joan aquest matí? —Sí,
3) Han vist vostès els meus pares? —Sí,
4) Ja s'ha rentat les mans? —Sí,

4. (　　)の中の時刻を使って問いに答えましょう.

1) Quina hora és? (1:00) —
2) Quina hora és? (2:00) —
3) A quina hora penses sortir demà? (9:00) —
4) A quina hora és la conferència*? (3:00) —

*conferència ［女］講演会.（「催し物などが~時に始まる」はこのように表現します.）

5. 次の日本語をカタルーニャ語に直しましょう.

1) 今日は風が強いけれど，私は少しもかまいません.
2) 今日は寒いですが，私はセーターを着ていません.

カタルーニャの地方を楽しむ

　北にはピレネー山脈，東には地中海——カタルーニャでは山も海も楽しむことができます.

　それではまず山からいきましょう. バルセロナからプッチェルダー (Puigcerdà) 線の列車に乗ると，約2時間でピレネー山脈に着きます. 途中，ビック (Vic) や，ロマネスクの見事なファサードで名高いサンタ・マリア教会があるリポイ (Ripoll) を通ります. ここらあたりで途中下車するのも一興です. ピレネー山中では，夏ならばトレッキング，冬ならばスキーが気軽に楽しめます. 名物の腸詰 (botifarra, fuet) に舌鼓を打つのもよいでしょう.

　フランス国境の南にはコスタ・ブラバ (Costa Brava) と呼ばれる，岩がちで変化に富んだ美しい海岸線が延びています. この辺りは，古くから観光開発が進んだところで，ドイツやフランスなどから地中海の太陽を求めて毎年多くの観光客が押し寄せます. 夏には少々俗っぽく騒がしいのですが，少し季節はずれに訪れるととても素敵なところです. ダリの美術館があるフィゲラス (Figueres) からバスなどでカダケス (Cadaqués) まで出ると，コスタ・ブラバの典型的な風景を味わうことができます. ダリが晩年過ごした家もカダケスのすぐそばにあります. 味といえば，なんといっても魚介類. 冬なら生ウニまで賞味することができます. バルセロナより南の海岸は，少し様子が違います. 砂浜が多く直線的な海岸線が特徴で，コスタ・ブラバより親しみやすい. バルセロナから電車で30分ほどでいけるシッジャス (Sitges) などは，短期の旅行者でも手軽に地中海気分を味わえる場所としてお勧めです. ここへ行ったら，ぜひ海を眺めながら冷えた白ワインと，アーモンドをベースにしたソースをかけたサラダ，シャトー (xató) で昼食を.

13 (tretze) この窓はどうやって開けるのですか？
Com s'obre aquesta finestra?

(*En tren*)

Marta — Perdó, estan lliures aquests seients?

Senyor — Sí, sí. Podeu seure-hi.

Maria — Com s'obre aquesta finestra?

Pere — Ja te l'obro. S'obre així. Ja està. No fa massa vent?

Maria — No, no em molesta gens. Moltes gràcies. Ets molt amable.

Marta — Perdó senyor, quant de temps es triga fins a Vic?

Senyor — Es triga una hora aproximadament.

Marta — Moltes gràcies.

Jordi — Com es va a Rupit?

Senyor — Rupit? S'ha d'agafar l'autocar des de Vic.
No coneixeu Rupit?

Jordi — No. No hi hem estat mai.

Senyor — Aleshores, val la pena visitar-lo. És conegut pels seus carrers típics.

【 単　語 】

tren	男 列車	fins a	～まで
perdó	すみません	aproximadament	だいたい　約
lliure	空いている　自由な	com	どのようにして
seient	男 席	es va	anar (行く)の非人称表現
seure	座る		
s'obre	obrir (開ける)の再帰受身	agafar	(交通機関を)使う
		autocar	男 中遠距離バス
així	このように　そのように	no～mai	一度も～ない　決して～ない
molesta	嫌がらせる　迷惑である (molestar)	aleshores	それなら
		val la pena	～する価値がある
no～gens	全然～ではない	visitar	訪問する
amable	親切な	és conegut per	～で知られている
quant de temps	どれくらいの時間	carrer	男 通り
es triga	trigar (時間がかかる)の非人称表現.	típic, típica	典型的な　地方色豊かな

【 訳 】

(列車の中で)

マルタ ― すみません．ここの席は空いていますか．

男　性 ― ええ，ええ，座ってかまいませんよ．

マリア ― この窓，どうやって開けるのかしら．

ペ　ラ ― 今，開けてあげるよ．こうやって開けるんだ．風が強すぎないかい？

マリア ― いいえ，ちっとも気にならないわ．どうもありがとう．あなたってとても優しいのね．

マルタ ― すみません，ビックまではどのくらい時間がかかるのでしょう？

男　性 ― だいたい1時間だね．

マルタ ― どうもありがとうございます．

ジョルディ ― ルピットまではどうやって行くんですか？

男　性 ― ルピットかい？ ビックからバスに乗らなきゃならない．ルピットは知らないの？

ジョルディ ― ええ，僕ら，行ったことがないんです．

男　性 ― それじゃ，行く価値はある．地方色豊かな通りで有名だ．

【 解　説 】

1　現在完了 (2)

前課で見た二つの用法のほかに，現在完了は「～したことがある」という経験を表すことができます．

　　　—No **has estat** mai a Catalunya？

　　　　　　　　　　　　　　君はカタルーニャに行ったことがないのか？

　　　—No, no hi **he estat** mai.　私は一度も行ったことがない．

　　　（このような場合の「行く」には，anar でなく estar を使います．）

2　再帰受身

人間や生物以外の物が主語である文で再帰動詞を使うと受身の意味になります．

　　　Aquest edifici* **s'ha construït*** aquest any.

　　　　　　　　　　　　　　　　　　　　このビルは今年建てられた．
　　　　　　　　　　*edifici 男　建物．　　　construir　建設する．

3　「ser＋過去分詞」の受身

その他，ser＋過去分詞の形で受身を表すことができます．この場合は，主語は人でも物でもかまいません．ただ，この形の受身はあまり使われません．

　　　Picasso **és conegut** pertot arreu*.

　　　　　　　　　　　　　　ピカソはどこでもよく知られている．
　　　　　　　　　　　　　　　　　　*pertot arreu　どこでも．

4 se を使った非人称表現

再帰動詞の三人称単数形で「一般に人は」という，主語を特定しない表現をすることができます．

Aquí, no es pot fumar*.　ここではタバコは吸えません．

*fumar　タバコを吸う．

5 否定語

いままでに，no と組み合わせて使う否定語がいくつか出てきました．ここでまとめておきましょう．

no ～ mai　　　決して～ない，一度も～ない．
no ～ tampoc　　…も～ない．
no ～ gaire　　あまり～ない．
no ～ gens　　　全然～ない．

この他に，つぎのような否定語があります．

No hi ha ningú a la classe.　教室には誰もいない．
No m'ha dit res.　　　　　　彼は私に何も言わなかった．
No hi ha cap poma al cistell*.

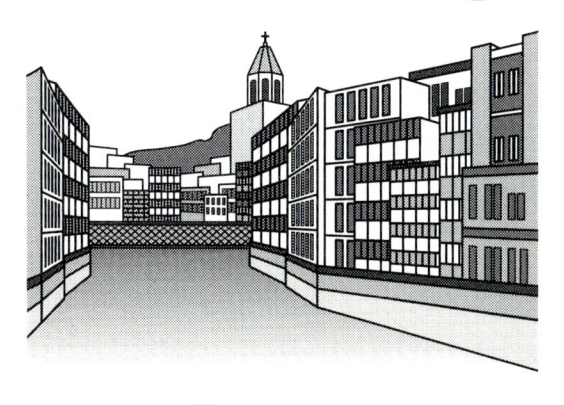

かごには一つもリンゴは入っていない．
*cistell 男　かご．

CD 36

僕は村の人たちと知り合いになりたい

14 (catorze) A mi m'agradaria conèixer la gent del poble.

Marta — Finalment, hem arribat a Rupit. Que maco!

Jordi — És veritat. Ara, on anirem?

Maria — Primer, anirem a l'església. Després, dinarem a la font.

Pere — I a la tarda, què farem?

Marta — Passejarem pels carrers típics i potser comprarem alguns records del poble.

Jordi — A mi m'agradaria conèixer la gent del poble.

Marta — A mi, també.

Maria — Doncs, entrarem en algun bar després del passeig. Hi podrem conèixer la gent.

Jordi — Em sembla molt bona idea.

Pere — Agafarem l'autocar de les cinc, oi?

Maria — Sí, per poder agafar el tren de les sis.

【 単　語 】　　　　　　　　　　　　　　　　CD 37

finalment	ついに	algun, alguna	なんらかの　いずれかの
hem arribat	arribar（到着する）の現在完了	records	男 複 土産　思い出の品
maco, maca	素敵な	agradaria	agradar（気に入る）の過去未来形
veritat	女 真実	gent	女 人々（単数扱い）
ara	今　さて	poble	男 村
anirem	anar（行く）の未来形	entrarem	entrar（入る）の未来形
primer	第一に	després de	～の後に
església	女 教会	passeig	男 散歩
després	それから　後に	podrem	poder（できる）の未来形
font	女 泉	idea	女 アイディア　考え
tarda	女 午後	agafarem	agafar（乗る）の未来形
farem	fer（する）の未来形	per	～するために
passejarem	passejar（散歩する）の未来形		
potser	たぶん　もしかすると		
comprarem	comprar（買う）の未来形		

【 訳 】

マ ル タ ― やっとルピットに着いたわ．なんて素敵なんでしょう！
ジョルディ ― 本当だ．さて，どこへ行こうか．
マ リ ア ― まず，教会へ行きましょう．それから，泉で食事にしましょう．
ペ ラ ― それで，午後は何をしよう？
マ ル タ ― 地方色豊かな通りを散歩して，何か村のお土産でも買うのかしら．
ジョルディ ― 僕は，村の人たちと知り合いになりたいなあ．
マ ル タ ― 私も．
マ リ ア ― それじゃ，散歩の後でどこかバルにでも入りましょう．そこで知り合いになれるでしょう．
ジョルディ ― とってもいい考えだと思うね．
ペ ラ ― 5時のバスに乗るんだね？
マ リ ア ― そうよ，6時の列車にのれるようにね．

【 解　説 】

1　未来形

もちろん，未来のことを表現する時制です．今まで出てきた活用形は不定詞の語尾 (-ar など) を取って，その時制特有の活用語尾をつけていましたが，この時制の活用形では，不定詞にそのまま活用語尾 **-é, -às, -à, -em, -eu, -an** をつけて作ります．

　　visitar (訪問する)　　　　　　　　　**dormir** (寝る)
　　visitaré　　visitarem　　　　dormiré　　dormirem
　　visitaràs　　visitareu　　　　dormiràs　　dormireu
　　visitarà　　visitaran　　　　dormirà　　dormiran

ただし，不定詞が -re で終わる動詞は，最後の e を取ってから語尾をつけます．

　　perdre (失う)
　　perdré　　　perdrem
　　perdràs　　　perdreu
　　perdrà　　　perdran

また，数は少ないですが，不規則な活用をする動詞もあります．
　　anar (行く):　　　aniré, aniràs…
　　ser (～である):　　seré, seràs…
　　fer (する):　　　　faré, faràs…
　　poder (できる):　　podré, podràs…
　　tenir (持つ):　　　tindré, tindràs…
　　venir (来る):　　　vindré, vindràs…

2 過去未来形

未来形の活用語尾の変わりに，**-ia, ies, -ia, -íem, -íeu, -ien** という語尾をつけると，過去未来形という活用ができます．この時制を使うと，物事を丁寧に言ったり，婉曲に言ったりすることができます．

Què vol? と言うと「何が欲しいのか，何の用だ」という，つっけんどんな印象ですが，Què voldria? というとお店などでお客さんに対して用いる，「何をお探しですか」という丁寧な言い方になります．

  Podria tancar la finestra? 窓を閉めていただけますか？

また，agradar は，現在形で使うと「～が好きだ」という意味になりますが，この過去未来形で使うと「(できれば)～したいものだ」という願望の婉曲な表現になります．

  M'agradaria visitar Catalunya. 私はカタルーニャに行きたいものだと思っている．

時刻の表し方

日本語や英語などでは，たとえば 2 時を過ぎたら，2 時～分という言い方をしますね．ところがカタルーニャ語では 2:15 は「3 時 15 分」と言わねばなりません．つまり，日本語や英語では 2 時を過ぎたら 3 時直前までは 2 時の領域であるのに対し，カタルーニャ語では 2 時を過ぎたら 3 時の領域になってしまうのです．

さらにもう一つ，カタルーニャ語では分の表現に 1/4(un quart) を多用します．15 分，30 分，45 分ばかりでなく，それに端数を加えて，たとえば，40 分は dos quarts i deu (1/4 時間×2+10)，50 分は tres quarts i cinc (1/4 時間×3+5) と言います．さらには mig quart (1/4 の半分) という言い方さえします．15 分を二等分はできませんので，7, 8 分ということになります．

És un quart de cinc. 今，4 時 15 分です．
Són dos quarts i cinc de cinc. 今，4 時 35 分です．
L'avió arriba a tres quarts de quatre. 飛行機は 3 時 45 分に着く．

ただし，L'avió arriba a les tres i vint. (飛行機は 3 時 20 分に着く)という言い方も可能です．

練習問題 7

1. 次の各動詞について( )内の人称に対応する未来形を書きましょう．
1) perdre (nosaltres) _____
2) poder (jo) _____
3) fer (vostè) _____
4) tenir (ells) _____
5) anar (vosaltres) _____
6) venir (tu) _____

2. 例にならって各文を未来時制に書き換えましょう．
(例) Penso estudiar aquesta tarda. → Estudiaré aquesta tarda.
1) Què penseu fer demà? →
2) Pensem agafar el tren de les vuit. →
3) Pensen vostès anar d'excursió demà? →
4) No penso cantar aquesta cançó* →
5) On pensen comprar regals? →

*cançó 女 歌

3. 次の各表現を es を使った非人称表現に書き換えましょう．
1) Dinen cap a* les dues a Catalunya. →
2) Podem entrar en aquesta habitació? →
3) No podeu aparcar* aquí. →
4) Triguem tres hores en** arribar a Barcelona. →
5) Hem d'estudiar més*. →

*cap a ～頃   aparcar 駐車する   més もっと   **この「en +

不定詞」は「〜するのに」という意味です.

4. 次の各文を **es** を使った受身に書き換えましょう.

1) Tanquem* aquesta porta* així. →

2) Obren el restaurant a les nou. →

3) Han trencat* el vidre*. →

4) Venen* segells* aquí. →

*tancar 閉める　　trencar 割る, 壊す (-car で終わる動詞は活用形の c が qu になることがあるので注意)　　vidre 男 ガラス　　vendre 売る　segell 男 切手

5. **agradar** の過去未来形を使って次の各文を丁寧な(あるいは婉曲, 仮定的な)言い方に書き換えましょう.

1) Què vols fer aquesta tarda? →

2) Vull anar al cine. →

3) Vol ser metge. →

4) Volem viatjar* amb avió. →

*viatjar 旅行する

CD 38

とても楽しかった

15 (quinze) Ens ho vam passar molt bé.

Pau (germà petit d'en Jordi)
 — Jordi, com va anar l'excursió d'ahir?
Jordi — Ens ho vam passar molt bé.
Pau — Vau anar a Rupit, oi? Què? És bonic el poble?
Jordi — Sí és molt bonic.
Pau — És més bonic que Sitges?
Jordi — Són diferents. Rupit és un poble de muntanya i Sitges és un poble de platja. A més a més, Sitges és molt més gran que Rupit. No hi ha tanta gent a Rupit.
Pau — D'acord. Rupit és menys important que Sitges. Però és tan bonic com Sitges, oi?
Jordi — Potser tens raó. És un poble petit, però deu ser el poble més bonic del món per a la gent de Rupit.
Pau — M'agradaria visitar-lo algun dia.

【 単　　語 】　　　　　　　　　　　　 CD 39

germà　　男 兄弟（姉妹は ger-mana）
petit, petita　小さな
germà petit　弟（兄は germà gran, 妹は germana petita, 姉は germana gran）
ahir　昨日
ens ho vam passar molt bé　passar-s'ho bé（楽しく過ごす）の完了過去
vau anar　anar の完了過去
què　この場合は，相手に返事を促す表現
bonic, bonica　美しい

més～que…　…よりも～である
diferent　異なる
muntanya　女 山
platja　女 浜
a més a més　さらに　その上
important　重要な　大きい
tant(a)～com…　…と同じぐらい
menys～que…　…ほど～ではない
tan～com…　…と同じくらい～で
tens raó　言っていることが正しい（tenir raó）
deu　～に違いない（deure）
món　男 世界
algun dia　いつの日か

【 訳 】

パウ（ジョルディの弟） ― ジョルディ，昨日の遠足はどうだった？
ジョルディ ― とても楽しかった．
パ　　ウ ― ルピットへ行ったんだよね？　どうなんだい？　あの村はきれいなんだろ？
ジョルディ ― うん，とってもきれいだね．
パ　　ウ ― シッジャスよりもきれいかい？
ジョルディ ― また別だね．ルピットは山の村だし，シッジャスは浜辺の村だもの．それに，シッジャスはルピットよりもずっと大きいよ．ルピットにはあんなに人はいない．
パ　　ウ ― わかった．ルピットはシッジャスほど大きくない．でも，シッジャスと同じくらいにきれいなんだろう？
ジョルディ ― もしかするとお前の言う通りかもしれない．小さな村だが，ルピットの人たちにとっては世界で一番きれいな村に違いない．
パ　　ウ ― いつか行ってみたいなあ．

【 解　　説 】

1　完了過去

　現在完了が現在と関係の深い出来事を表すのに対し，完了過去は，すでに以前に終わってしまっていて，現在とは連続性がない出来事を表すのに使われます．活用形の作り方は簡単です．anar の活用形に動詞の不定詞を後置すればいいのです．ただし，nosaltres と vosaltres のところは，anar は特別な形になります．

visitar (訪れる)

vaig visitar	***vam*** visitar
vas visitar	***vau*** visitar
va visitar	**van** visitar

2　比較

　比較には優等比較(…より～である)，劣等比較(…ほど～ではない)，同等比較(…と同じくらい～である)の三種類があり，それぞれ，つぎのような形で表されます．

La Maria és **més** alta **que** la Marta.　　マリアはマルタより背が高い．

La Marta és **menys** alta **que** la Maria.　マルタはマリアほど背が高くない．

La Núria és **tan** alta **com** la Maria.　　ヌリアはマリアと同じくらい背が高い．

més, menys, tan の後ろには形容詞，または副詞が来て比較級となりますが，特別な形の比較級を持っている形容詞や副詞もあります．

形容詞・副詞	比較級
bo (良い)	**millor**
bé (上手く)	**millor**

dolent (悪い)	**pitjor**
malament (下手に)	**pitjor**
molt (たくさんの)	**més**

La Maria canta **millor** que la Marta.

マリアはマルタより歌がうまい．

La Marta te **més** llibres que la Maria.

マルタはマリアよりたくさん本を持っている．

次のような同等比較では tant ~ com の形を使います．tant は次に来る名詞の性・数によって tant, tanta, tants, tantes と形が変わります．

La Núria té **tants** llibres **com** la Marta.

ヌリアははマルタと同じくらいの本を持っている．

3 最上級

最上級を表す特別な形はありません．定冠詞と共に比較級が使われると意味的に最上級になります．「～の中で」を表す de を伴うことがよくあります．

La Maria és la noia més alta de la classe.

マリアはクラスで一番背の高い女の子だ．

4 不規則動詞の現在形

新しく出てきた不規則動詞の現在形をおぼえましょう．deure は後ろに不定詞を伴って，「～しなければならない」，「～に違いない」という意味を表します．

deure	
dec	**devem**
deus	**deveu**
deu	**deuen**

16 (setze)　君が電話をくれたときシャワーを浴びていたんだ
Em dutxava quan em vas trucar.

Marta — Jordi, ahir vaig trucar-te però no hi eres. Què feies?

Jordi — A quina hora em vas trucar?

Marta — Cap a les cinc de la tarda.

Jordi — Ah, jo era sol a casa i em dutxava quan em vas trucar. Què volies?

Marta — És que necessitava parlar amb tu sobre la festa del dilluns que ve. És l'aniversari de la Maria i farem una festa a casa meva. Te'n recordes?

Jordi — És veritat. No me'n recordava. Em sap molt de greu.

Marta — No importa. Anirem a comprar coses per a la festa aquesta tarda. D'acord?

Jordi — D'acord.

【 単　　語 】　　　　　　　　　　　　　　　CD 41

trucar	電話する	sobre	～について
eres	ser の不完了過去	festa	女 パーティ
feies	fer(する)の不完了過去	dilluns	男 月曜日
em dutxava	dutxar-se (シャワーを浴びる)の不完了過去	que ve	(週, 月, 曜日などが)来たる
volies	voler (欲する)の不完了過去	aniversari	男 記念日　誕生日
necessitava	necessitar (必要とする)の不完了過去	te'n recordes	～について覚えている (recordar-se de)

【 訳 】

マ　ル　タ　— ジョルディ, 昨日あなたに電話したけれど, 家にいなかったわね. 何してたの?

ジョルディ　— 何時に電話くれたの?

マ　ル　タ　— 午後5時ごろよ.

ジョルディ　— ああ, 僕は家に一人でいて, 君が電話をくれたときにはシャワーを浴びていたんだ. 何の用だったんだい?

マ　ル　タ　— 実は, こんどの月曜のパーティについてあなたと話しとかなきゃって思ったの. マリアの誕生日だから, うちでパーティをするのよ. 覚えてる?

ジョルディ　— 本当だ. 忘れてた. ごめんよ.

マ　ル　タ　— いいのよ. 今日の午後, パーティのために買い物に行くわよ. いい?

ジョルディ　— いいよ.

【 解　　説 】

1　不完了過去

完了過去が過去に起きた出来事を表すのに対し，不完了過去は，出来事が起きたときの背景を表します.

　　　Em **dutxava** quan em vas trucar.

　　　　君が電話をくれたとき僕はシャワーを浴びていた.

という文では，「シャワーを浴びていた」というのが「電話がかかってきた」という出来事の背景になっています.

また，過去の習慣や行為の繰り返しを表すこともできます.

　　　Quan **era** petit, **anava** a l'escola amb autobús*.

　　　　私が小さかった頃は，バスで学校へ行っていた.

*autobús 男　路線バス

不完了過去の活用形は原則として，-ar で終わる動詞の場合は，語尾を **-ava** に，-re, -er, -ir で終わる動詞の場合は **-ia** に代えて作ります.

	visitar		**dormir**
visitava	**visitàvem**	**dormia**	**dormíem**
visitaves	**visitàveu**	**dormies**	**dormíeu**
visitava	**visitaven**	**dormia**	**dormien**

nosaltres, vosaltres のところでアクセント記号が必要なことに注意して下さい.

主な不規則動詞には次のようなものがあります.（省略した部分の語尾は -ir 動詞と同じです.）

　　　beure（飲む）　　bevia…　　　　dir（言う）　　deia…
　　　escriure（書く）　escrivia…　　　fer（する）　　feia…
　　　viure（生きる）　vivia…　　　　veure（見る）　veia…
　　　ser（〜である）　era, eres, era, érem, éreu, eren

2 副詞的代名詞 en

en は前置詞 de のついている名詞を受けることができます.

No ens recordàvem de la festa. → No ens **en** recordàvem.

我々はパーティのことを覚えていなかった. →我々はそのことを覚えていなかった. (→ p. 122)

3 日付, 曜日

日付, 曜日の聞き方は次のとおりです.

A quin dia som? 今日は何日ですか.

Quin dia de la setmana és avui? 今日は何曜日ですか.

日付は基数に定冠詞 el を付けて言います.「〜日に」の「に」に当たる前置詞は不要です.

月名, 曜日名は次の通りです. いずれも男性名詞,「〜に」に当たる前置詞は不要です.

1月 gener	2月 febrer	3月 març
4月 abril	5月 maig	6月 juny
7月 juliol	8月 agost	9月 setembre
10月 octubre	11月 novembre	12月 desembre

月曜日 dilluns	火曜日 dimarts	水曜日 dimecres
木曜日 dijous	金曜日 divendres	土曜日 dissabte
日曜日 diumenge		

Vindran **el diumenge dia 11** de **setembre**.

彼らは9月11日の日曜日に来るだろう.

練習問題 8

1. 次の各文の時間の表現を右の欄のように変えると，文全体の時制がどう変わるかを考えながら書き換えましょう．

1) Avui he vist en Joan a la classe. → Ahir
2) Aquesta setmana he anat al cinema dos cops*. → La setmana passada*
3) Aquest mes* hi ha hagut molts accidents* de cotxe. → El mes passat
4) Aquest any no ha fet gaire fred. → L'any passat

*cop 男 ～回　　la setmana passada 先週　　accident 男 事故
mes 男 月

2. 次の各組み合わせの イ)の文を不完了過去に，ロ)の文を完了過去にして，**quan**（～するとき，したとき）を使って結び付けましょう．

1) イ) Llegeixo el diari.　ロ) Em truques.
   → Quan _____ .
2) イ) Dinem.　ロ) Entreu en el menjador*.
   → _____ quan _____ .
3) イ) No hi són.　ロ) Vens a veure'ls.
   → Quan _____ .
4) イ) No hi ha ningú.　ロ) Arriba.
   → Quan _____ .

*menjador 男 食堂

3. 日本語の意味になるように( )の中に適当な語を入れましょう.

1) Maria は Joan より頭がいい.
   → La Maria és (　　　) intel·ligent* (　　　) en Joan.

2) Joan は Maria より頭が悪い.
   → En Joan és (　　　) intel·ligent (　　　) la Maria.

3) Joan は Maria と同じぐらい頭がよい.
   → En Joan és (　　　) intel·ligent (　　　) la Maria.

4) Maria は Marta より絵がずっとうまい.
   → La Maria pinta* molt (　　　)(　　　) la Maria.

5) Pere は Jordi よりダンスがへただ.
   → En Pere balla* (　　　)(　　　) en Jordi.

*intel·ligent 頭がいい　　pintar 絵を描く　　ballar ダンスをする

4. 次の会話の日本語の部分をカタルーニャ語にしましょう. **CD** 42

Jordi　— Com va anar el concert* d'ahir?

Marta　— とてもうまく行ったわ.

Jordi　— 先週のコンサートよりもうまく行った?

Marta　— Potser sí.

Jordi　— I què tal* la Maria?

Marta　— 私と同じぐらい満足しているわ.

Jordi　— Quan serà el pròxim* concert?

Marta　— 来月*よ.

Jordi　— 僕も行きたいものだ.

*concert 男 コンサート　　què tal～? ～はどうか?
 pròxim, pròxima 次の　　el mes que ve 来月

17 (disset) Serviu-vos el cava i agafeu la copa.

さあ、カバをついでグラスを持って

(*La Maria entra en l'habitació.*)

Marta, Jordi i Pere — Feliç aniversari!

Maria — Ui! Què és això! Quina sorpresa!

Marta — Mira Maria, aquest és un regal que hem triat nosaltres.

Maria — Puc obrir-lo?

Jordi — Sí, obre'l, obre'l.

Maria — Quin mocador tan bonic! Moltes gràcies, moltíssimes gràcies.

Pere — T'ha agradat? Posa-te'l.
Molt bé. Et queda molt bé.

Marta — Pere, vés a buscar el cava, si us plau.

Maria — Hi vaig jo.

Marta — No, no, tu, queda't aquí.

Jordi — Ara brindem. Serviu-vos el cava i agafeu la copa. Per molts anys!

Marta i Pere — Per molts anys, Maria!

【 単　語 】 CD 44

feliç　　　幸せな　feliç ～はお祝いの決り文句　Feliç any nou! 新年おめでとう
sorpresa　女 驚き
mira　　　ごらんなさい　mirar (見る)の命令形
regal　　　男 プレゼント
que　　　関係代名詞
hem triat　triar (選ぶ)の現在完了
obrir　　　開ける
obre'l　　　obrir の命令形に直接目的語代名詞 el がついたもの
mocador　男 スカーフ　ハンカチ
moltíssimes　moltes を強調した形
posa-te'l　posar (身につける)の命令形に再帰代名詞 te と直接目的語代名詞 el がついたもの
quedar bé　間接目的語代名詞と共に, ～によく似合う
vés　　　anar の命令形
buscar　　探す
cava　　　男 カタルーニャ産の発泡ワイン
queda't　　quedar-se (居残る)の命令形
brindem　　乾杯する (brindar)
serviu-vos　servir-se (食べ物, 飲み物を自分で取る, つぐ)の命令形
agafeu　　agafar (取る)の命令形
per molts anys　文字通りの意味は「これからも多くの年を(重ねてください)」誕生日の祝いのことば

【 訳 】

(マリア, 部屋に入る.)
マルタ, ジョルディ, ペラ ― 誕生日おめでとう!
マ　リ　ア ― まあ, これはどういうこと? ああ, びっくりした.
マ　ル　タ ― はい, マリア, これは私たちが選んだプレゼントよ.
マ　リ　ア ― 開けてもいいかしら?
ジョルディ ― 開けてごらん, 開けてごらん.
マ　リ　ア ― なんてすてきなスカーフでしょう! どうもありがとう, ほんとうにどうもありがとう.
ペ　　　ラ ― 気に入ったかい? してごらん.
　　　　　　そうだ, 君にとってもよく似合うよ.
マ　ル　タ ― ペラ, カバをとってきて, お願い.
マ　リ　ア ― 私がいくわ.
マ　ル　タ ― だめだめ, あなたはここにいなさい.
ジョルディ ― それじゃ, 乾杯しよう. カバをついで, グラスを持って. 誕生日おめでとう!
マルタ, ペラ ― 誕生日おめでとう!

【解　説】

1　命令形

ここでは tu (君), vosaltres (君たち) に対する命令形を学びます.

カタルーニャ語の命令形には, 日本語の命令形ほどきつい印象はなく, 日常頻繁に用いられます. 丁寧な言い方をしたいときは, 最後に **si us plau** (お願いします) をつけましょう.

原則として, 語尾が -ar で終わっている動詞の命令形は現在三人称単数形と同じ形です.

　　　parla (彼は話す)　　→　　**parla** (《君》話しなさい)

-er, -re で終わる動詞, -ir で終わる動詞では, 現在二人称単数形から -s を取って作ります.

　　　perds (君は失う)　　→　　**perd** (《君》失いなさい)
　　　dorms (君は寝る)　　→　　**dorm** (《君》寝なさい)

不規則な命令形を持っている動詞もあります.

　　anar—**vés**　　　estar—**estigues**　　　　fer—**fes**
　　tenir—**té**　　　 venir—**vine**　　　　　　veure—**ves**

vosaltres に対する命令形は, 現在形と同じです.

2　命令形と目的語人称代名詞

命令形の動詞が目的語の人称代名詞を伴うとき, および再帰動詞が命令形になるとき, 目的語代名詞, 再帰代名詞は, 命令形の動詞の後ろに置かれます. そのときの代名詞の形については, 巻末の補遺の表に従います. (→ 120 ページ)

　　Obre'**l**.　　　　　　　それを開けなさい.
　　　　　　　　　　(obrir の tu に対する命令形＋直接目的語代名詞 el)
　　Quedeu-**vos** aquí.　　君たち, ここに残りなさい.
　　　　　　　　　　(再帰動詞 quedar-se の vosaltres に対する命令形.)

3 関係代名詞 que

カタルーニャ語の代表的な関係代名詞は que です．que は先行詞が人でも物でもよく，また，その役割が主格でも目的格でも良い便利な関係代名詞です．

Aquest és el cotxe. これがその車です．

Vaig comprar aquest cotxe ahir. 私はこの車を昨日買いました．

→ Aquest és el cotxe **que** vaig comprar ahir.
これが僕が昨日買った車です．

アンドラ公国

地図を見てみますと，カタルーニャ（スペイン）とフランスの国境上にスペイン，フランスのどちらにも属していない小さな空間があります．これがアンドラ公国です．小さいとは言え，国連の投票権も持ったれっきとした独立国家なのです．この国が今，私たちにとって重要なのは，世界で唯一，カタルーニャ語を国全体の公用語としている国だからです．面積は464平方キロ，だいたい横浜市ぐらいの大きさです．そこに約6万人の人が住んでいます．国土は山がちで，その地形を生かしたウインタースポーツなどの観光や水力発電，牧畜などが主な産業になっています．また，香港のような免税制度を採用していて，スペインやフランスからの買い物客でいつも賑わっています．

アンドラはカタルーニャと同じころに誕生しましたが，その後，カタルーニャのウルジェイ司教とフランスのフォッシュ家が一年おきに統治するという変わった統治形態が長い間維持されました．そして，各国の勢力争いと紛争渦巻くヨーロッパの歴史の中を奇跡的にかいくぐって現在まで生き延びてきたのです．

CD 45

面白いもの見せてほしい？

18 (divuit) **Vols que t'ensenyi una cosa interessant?**

Maria — Marta, has vist en Pere?

Marta — No. Però és possible que vingui al despatx del professor Suzuki.

Maria — Quan el vegis, podries dir-li que vull parlar amb ell?

Marta — D'acord. Però, no és millor que viguis amb mi? És més ràpid.

Maria — Tens raó. Vindré amb tu.

Maria — Hola, Pere!

Pere — Hola, Maria! Què hi ha?

Maria — Vols que t'ensenyi una cosa interessant?

Pere — Sí...

Maria — Mira aquesta foto. Qui és aquesta noia que hi surt amb tu?

Pere — Ah! és la Patrícia, germana d'en Josep.

Maria — Encara que sigui una germana d'un amic teu, no m'agrada que surtis a las fotos amb una altra noia!

【 単　語 】　　　　　　　　　　　CD 46

possible	可能である	ràpid, ràpida	素早い
vingui	venir（来る）の接続法現在形	què hi ha?	やあ, 調子はどうだい
despatx	男 オフィス	ensenyi	ensenyar（見せる）の接続法現在形
quan	〜したとき		
vegis	veure（見る）の接続法現在形	foto	女 写真
		surt	出る 登場する(sortir)
que	〜ということを, という文を導く接続詞	encara que	たとえ〜であっても
		surtis	sortir の接続法現在形
millor	bo（良い）の比較級		
vinguis	venir の接続法現在形	altre, altra	ほかの

【 訳 】

マリア ― マルタ, ペラを見かけた？
マルタ ― いいえ. でも, 鈴木先生のオフィスに来るかもしれないわ.
マリア ― 彼に会ったら, 私が彼と話したがってるって伝えてもらえる？
マルタ ― OK. でも, あなた私と一緒に来た方がいいんじゃない？ その方が早いわよ.
マリア ― あなたの言う通りね. 一緒に行くわ.

マリア ― こんにちは, ペラ.
ペ　ラ ― やあ, マリア！ 調子はどうだい？
マリア ― 面白いものを見せてあげましょうか？
ペ　ラ ― うん…
マリア ― この写真見てごらんなさい. この, あなたと一緒に写っている女の子は誰？
ペ　ラ ― ああ, パトリシアだ. ジュゼップの妹だよ.
マリア ― たとえあなたの友だちの妹でも, 私はあなたに他の女の子と一緒に写真に写って欲しくないの！

【 解　説 】

1　接続法

今まで出てきた動詞の時制は，命令形をのぞいて全て「直説法」というカテゴリーに属します．直説法は，事実を客観的に述べるときに使われます．それに対し，接続法は主観的なこと，譲歩，未確定のこと，仮定的なことなどを表すのに使われます．

2　接続法現在形

-ar, -re (-er), -ir で終わる動詞の接続法現在形はそれぞれ次のようになります．

visitar		perdre	
visiti	visitem	perdi	perdem
visitis	visiteu	perdis	perdeu
visiti	visitin	perdi	perdin

dormir	
dormi	dormim
dormis	dormiu
dormi	dormin

（起動動詞《→ 第6課》は接続法現在でも -eix- が入ります．servir: serveixi…）

不規則な活用をする動詞もありますので，辞書や変化表で確認が必要です．

anar:　vagi, vagis, vagi, anem, aneu, vagin
venir:　vingui, vinguis, vingui, vinguem, vingueu, vinguin
dir:　digui, diguis, digui, diguem, digueu, diguin

estar: estigui, estiguis, estigui, estiguem, estigueu, estiguin
ser: sigui, siguis, sigui, siguem, sigueu, siguin
veure: vegi, vegis, vegi, vegem, vegeu, vegin
tenir: tingui, tinguis, tingui, tinguem, tingueu, tinguin

3 接続法の用法

主節に感情，意志，欲求，必要性，疑い，可能性，否定などの表現があると，従属節の動詞は接続法になります.

És possible que no **vingui**. 彼が来ないということはあり得る．（可能性）

Vull que et **quedis** a casa. 私は君に家に残って欲しい．（欲求）

Estic content que **vinguin**. 彼らが来ると聞いて私は満足だ．（感情）

No crec* que **vinguin**. 私は彼らが来ないと思う．（否定）

*creure 思う，信じる

譲歩を表す節の中でも接続法が使われます．

Encara que no **vinguin** ells, jo hi aniré sol. 彼らが来なくても，私は一人でそこへ行く．

quan（〜のとき）に導かれる節が未来のことを表しているときも接続法が使われます．

Quan **sigui** gran, seré metge. 僕は大きくなったら，医者になろうと思う．

この場合，quan の後ろで未来形を使うこともできます．（quan **seré** gran...）

練習問題　**9**

1. 次の各動詞について(　　)内の人称に対応する接続法現在形を書きましょう．
   1) perdre (nosaltres) ＿＿＿＿
   2) poder (tu) ＿＿＿＿
   3) fer (vostè) ＿＿＿＿
   4) ser (ells) ＿＿＿＿
   5) anar (vosaltres) ＿＿＿＿
   6) venir (jo) ＿＿＿＿

2. 次の各文を例にならって命令文に書き換えましょう．
   例：L'obres. → Obre'l.
   1) L'obriu. →
   2) Et poses les sabates. →
   3) Us quedeu a casa. →
   4) Et serveixes la sopa*. →
   5) Vas a comprar el diari. →

   *sopa 囡 スープ

3. 日本語の意味になるように空欄をうめましょう．
   1) これは僕が探していた本です．Aquest és el llibre (　　　) buscava.
   2) 彼が私にカタルーニャ語を教えてくれた先生です．
      Ell és el professor (　　　) m'ha ensenyat el català.
   3) このプレゼントは彼の気にいらないかもしれません．
      És possible que aquest regal no li (　　　).
   4) 私は君がそんなに悪い子だとは思わない．No crec que

(　　) tan dolent.

5) たとえ私にお金があっても，その家は買うまい．

   Encara que (　　) diners, no compraré aquesta casa.

6) 君は大きくなったら何になりたいのか？

   Què t'agradaria ser quan (　　) gran?

4. 次の会話の日本語をカタルーニャ語になおしましょう．　**CD** 47

Pere — Núria, portes un mocador molt bonic.

　　　　 とてもよく似合うよ．

Núria — Moltes gràcies.

　　　　 誕生日のプレゼントなの．

Pere — Quan és el teu aniversari?

Núria — 今日よ．

Pere — ああ，そう？　おめでとう．

カタルーニャのワイン

　日本ではあまり知られていませんがカタルーニャは良質のワインを産します．パナデス(Penedès)やプリオラ(Priorat)の赤ワイン，タラゴナ(Tarragona)の白ワインなどが特に有名です．さっぱりとした白ワインは海岸地方で捕れる魚介類に，そしてこくのある赤ワインは腸詰(botifarra, fuet)や子羊(xai)などの肉料理によく合います．また，カバ(cava)という発泡ワインも名産です．質的にはフランスのシャンパンに少しもひけをとりません．以前はシャンパン(xampany)と呼ばれていたのですが，フランスのシャンパーニュ地方からクレームがつき，カバという名称に変わってしまいました．甘口のシャンペンはお菓子と一緒に，辛口なら魚介類ともよく合います．栓を抜くときの派手な音と，細かい泡が立ち上る薄い琥珀色のカバはカタルーニャのパーティ(festa)に欠くことのできないお酒です．

19 (dinou) No t'enfadis, Maria.

怒らないでくれよ，マリア

Maria — No em toquis! No vull veure't més.

Pere — No t'enfadis, Maria. Si us plau. T'estimo.

Jordi — Què els passa?

Marta — La Maria està enfadada perquè en Pere surt en una foto amb una altra noia.

Jordi — S'estimen? No ho sabia. Ja ho solucionaré.

Marta — No cal que t'hi fiquis. Deixa'ls sols. Ja ho solucionaran ells mateixos.

Jordi — Vols dir?

Marta — No siguis ximple. Els enamorats són així. En sóc experta.

Jordi — Ah sí?

Marta — No em miris així. És una broma! Tan de bo que siguis una mica més sensible en aquestes coses!

【 単　語 】

no em toquis　tocar（触る）の否定命令
no t'enfadis　enfadar-se（怒る）の否定命令
estimo　愛している（estimar）
enfadat, enfadada　腹を立てている.
s'estimen　愛し合う（estimar-se）
solucionaré　解決する（solucionar）の未来
cal　必要である.（caldre）
t'hi fiquis　ficar-se（鼻をつっこむ）の否定命令
deixa　deixar（放っておく）の肯定命令
solucionaran　solucionar の未来
mateixos　mateix（自身）
vols dir?　「本当にそう思うかい?」という慣用句
no siguis　ser（〜である）の否定命令
ximple　馬鹿な
enamorat　恋している人
experta　囡 専門家（男性形 expert）
no em miris　mirar（見る）の否定命令
broma　囡 冗談
tan de bo que ＋接続法の動詞　〜であったらいいのに
una mica　少し
sensible　敏感な

【 訳 】

マ リ ア ― 触らないで！　あなたなんか二度と見たくないわ.
ペ　　ラ ― 怒るなよ, マリア. お願いだから. 君のことが好きなんだ.
ジョルディ ― 彼ら, どうしたの？
マ ル タ ― ペラが他の女の子と写真に写っているんでマリアが怒っているのよ.
ジョルディ ― 彼ら, 愛し合ってるの？　知らなかった. 僕が解決してやろう.
マ ル タ ― 鼻をつっこむのはおよしなさい. あの人たち自身が解決するわよ.
ジョルディ ― そう思う？
マ ル タ ― 馬鹿なこと言わないの. 恋している人たちはそういうものよ. 私はそういうことのエキスパートなんだから.
ジョルディ ― あ, そうなの？
マ ル タ ― そんな風に見ないでよ. 冗談よ！
　　　　　　あなたがこういうことにもう少し敏感だったらいいのに！

【 解　説 】

1 否定命令

「～しないでくれ，しないで欲しい」という否定命令には，17課で学んだ肯定命令とは別の文型を使います．否定命令は「**No＋動詞の接続法現在形**」で表されます．

  No siguis ximple. 馬鹿なことはおよしなさい．

目的語代名詞や再帰代名詞がある場合，肯定命令では命令形の後に置きましたが，否定命令では，noより後ろ，動詞より前に置きます．

  No **la** molestis. 彼女に迷惑をかけるな．
  No **t'**enfadis. 怒らないでくれ．

2 vostè(s) に対する肯定命令，否定命令

vostè(s) で扱っている人に対する肯定命令，否定命令には，接続法現在の形を使います．

  Vingui(n) al meu despatx, si us plau. (あなた《がた》)私の事務所へ来て下さい．

  No em **molesti(n)**, si us plau. (あなた《がた》)私の邪魔をしないで下さい．

3 caldre の用法

会話中に出てきた caldre は「～は必要である」という意味を表します．よく使われる表現なので覚えておきましょう．

  Cal treballar més. もっと働かなければならない．

間接目的語を伴うか，que＋接続法を使うと，「誰が」という意味

を付け加えることができます.

> **Et cal anar-hi.＝Cal que hi vagis**.　　君はそこに行く必要がある.
>
> **Em calen** tres pomes.　　私はリンゴが三つ必要だ.

カタルーニャ料理

　スペイン料理というと，皆さんがまず思い浮かべられるのはパエリャではないでしょうか．魚介類や肉，野菜をいれて，サフラン (safrà) で黄色い色をつけたあの炊き込み御飯です．実はパエリャの本場は米どころのバレンシア (València). つまり，これはカタルーニャ語圏の料理なのです．もともとパエリャ (paella) とは底の浅い鉄鍋のこと．カタルーニャ語では普通のフライパンも paella といいます．

　バレンシアより北のカタルーニャ地方には，漁師風ご飯 (arròs a la marinera) というパエリャとよく似た料理があります．パエリャより水分が少し多く，サフランよりもよくいためた玉ねぎで色をつけることが多いようです．また，イカの墨を使った，真っ黒なアロス・ネグラ (arròs negre) も一見グロテスクですが味は上々です．さらに，米の代わりに極細のパスタを使ったフィデウワー (fideuà) も独特のおいしさです．

　これらの料理によくそえられるのがアリオリ・ソース (allioli) です．料理に興味のある方ならこの名を日本でも聞いたことがあるかもしれません．all (ニンニク) と oli (オリーブ油) で作るソースで，もとはカタルーニャ語の名前なのです．

　もう一つ，カタルーニャ料理を語るときに欠かすことができないのが pa amb tomàquet つまり，トマト付きパンです．百姓パン (pa de pagès) と呼ばれる丸型のパンを輪切りにし，表面をあぶります．そこに完熟トマトを半分に切ったものを豪快にこすりつけ，その上からオリーブをたらします．塩を少々ふってできあがり．好みで，ニンニクをこすりつけておけば，より濃厚な味になります．このように料理とはいえないほど単純なものですが，これが抜群においしい．このままおやつ代わりに食べてよし，腸詰や生ハム (pernil salat) を乗せてよし，また，肉・魚料理との相性も良い．まさにカタルーニャ料理の名脇役といったところです．

20 (vint)   **Si tingués prou diners, m'agradaria anar-hi.**

お金が十分にあれば，行きたいわ

Jordi — Marta, si tens temps, vull parlar amb tu.

Marta — Doncs, endavant.

Jordi — És veritat que vas al Japó?

Marta — Encara no ho sé. Si tingués prou diners, m'agradaria anar-hi. Si hi anés, podria perfeccionar el meu japonès. Si pogués conèixer la gent i la societat del Japó, sabria traduir millor novel·les japoneses.

Jordi — I si poguessis aconseguir prou diners per anar-hi, em deixaries sol?

Marta — Apa! Si hi anés, em trobaries a faltar? Estaries trist?

Jordi — Home, potser sí.

Marta — Potser sí?

Jordi — No, estic segur que sí.

Marta — Això vol dir que m'estimes?

Jordi — Sembla que sí.

Marta — Sembla que sí?

Jordi — Sí!

【 単　語 】 CD 51

doncs	「えーと」など間をとる言い方　発音は「ドーンス」	sabria	saber（〜できる）の過去未来
endavant	どうぞ	poguessis	poder の接続法過去
encara	まだ	aconseguir	獲得する
tingués	tenir（持つ）の接続法過去	deixaries	deixar（放っておく）の過去未来
prou	十分な	apa!	驚きの声
agradaria	agradar（気に入る）の過去未来	trobaries a faltar	trobar a faltar（いなくて寂しく思う）の過去未来
anés	anar（行く）の接続法過去	trist, trista	悲しい　寂しい
podria	poder（〜できる）の過去未来	home	驚きなどを表す間投語
perfeccionar	完全なものにする	potser	たぶん　おそらく
pogués	poder の接続法過去	segur, segura	確かな
		vol dir	意味する (voler dir)

【 訳 】

ジョルディ ― マリア，時間があったら君と話したいんだけど．
マ ル タ ― いいわよ，どうぞ．
ジョルディ ― 君が日本へ行くって本当かい？
マ ル タ ― まだわからないわ．十分にお金があれば，行きたいものだわ．もし行ったら，私の日本語を完全なものにできるでしょう．もし日本の人たちや社会を知ることができたら，もっとうまく日本の小説を翻訳できると思うわ．
ジョルディ ― それで，もし行くのに十分なお金が手に入ったら，僕を一人で置いていくのかい？
マ ル タ ― まあ！ もし私が行ってしまったら，私がいなくて寂しいと思うかしら？ 悲しいと思うのかしら？
ジョルディ ― うーん，もしかするとね．
マ ル タ ― もしかすると？
ジョルディ ― いや，確実にそうなると思う．
マ ル タ ― それって，私のことが好きだってこと？
ジョルディ ― そうみたいだね．
マ ル タ ― そうみたい，ですって？
ジョルディ ― そうだよ！

【 解　説 】

1　接続法過去

　過去の文脈の中で，主節に感情，意志，欲求，必要性，疑い，可能性，否定などの表現があると，従属節の動詞は接続法過去になります．また，次で学ぶように，現在の事実に反する仮定を表す場合にも使われます．

　不定詞の語尾が -ar, -re (-er), -ir で終わる動詞の接続法過去の活用形は，それぞれ次のようになります．

visitar		perdre	
visités	visitéssim	perdés	perdéssim
visitessis	visitéssiu	perdessis	perdéssiu
visités	visitessin	perdés	perdéssin

dormir	
dormís	dormíssim
dormissis	dormíssiu
dormís	dormissin

　不規則な活用をする動詞も少なくありませんので，辞書や活用表で確認が必要です．主な不規則活用をいくつか挙げておきます．

- **ser**: fos, fossis, fos, fóssim, fóssiu, fossin
- **estar**: estigués, estiguessis, estigués, estiguéssim, estiguéssiu, estiguessin
- **poder**: pogués, poguéssis, pogués, poguéssim, poguéssiu, poguessin
- **venir**: vingués, vinguessis, vingués, vinguéssim, vinguéssiu, vinguessin

2 現在の事実に反する仮定

実現可能なことを表現する条件文は，si（もし）を使って次のように作ります．

>**Si** tens temps, vull parlar amb tu.
>
>>もし時間があれば，君と話したい．

それが現在の事実に反すること，実現の見込みが薄いことであれば，「条件節：**Si**＋接続法過去，結び：過去未来」という文型で表します．

>**Si tingués** diners, **compraria** aquest cotxe.
>
>>もし私にお金があったら，この車を買うのに．

実際には，お金がないので，その車は買えないわけです．

日本のイメージ

　カタルーニャの人々の対日感情は大変良好です．スペイン全体でも悪くはないのですが，どうしても遊び上手のスペイン人には働き者の日本人は気の毒な存在に見えてしまうようです．その点，スペインの中でも最も働き者として知られているカタルーニャ人は，むしろそんな日本人に親近感を持ってくれるようです．しかし，若い世代はまたそれとは違った親近感を日本に抱いています．それは日本製アニメによって作られた親近感です．カタルーニャでは，ものすごい数のアニメがカタルーニャ語に吹き替えられて毎日テレビで放映されています．子供たちにとっては，アニメを通して触れる日本こそが日本のイメージなのです．彼らに誰か有名な日本人の名を言ってごらん，と言えば，間違いなく，文化人や企業人の名ではなく人気漫画家の名があがるはずです．

練習問題 10

1. 次の各動詞について（　　）内の人称に対応する接続法過去形を書きましょう．

1) dormir (vosaltres) ＿＿＿＿＿
2) poder (tu) ＿＿＿＿＿
3) estar (vostè) ＿＿＿＿＿
4) ser (ells) ＿＿＿＿＿
5) anar (nosaltres) ＿＿＿＿＿
6) venir (jo) ＿＿＿＿＿

2. つぎの肯定命令文を否定命令文に書き換えましょう．

1) Obre'l →
2) Vés a buscar la Maria. →
3) Compreu aquest cotxe. →
4) Quedi's a casa. →
5) Serveix-te cafè. →
6) Banyeu-vos ara. →

3. 日本語の意味になるように（　　）をうめましょう．

1) 明日良い天気なら，僕たちは遠足に行くだろう．

   Si (　　) bon temps demà, (　　) d'excursió.

2) この車が気に入っているなら買いなさい．

   Si t'(　　) aquest cotxe, (　　)'l.

3) 私がカタルーニャ人だったら，日本語は勉強しないだろう．

   Si (　　) català, no (　　) japonès.

4) 我々にお金があったら，カタルーニャ中を旅行するのだが．

   Si (　　) diners, (　　) per tot* Catalunya.

*tot~　~中を（男女，単複同形）

4. 次の会話の日本語の部分をカタルーニャ語にしましょう． **CD** 52

Jaume　—　パトリシア，君は怒っているのかい？

Patricia　—　No. Per què?

Jaume　—　だって，そう見えるから．

Patricia　—　Estic una mica preocupada* perquè demà tinc un examen.

　　　　　　もしその試験がなければ，こんな風じゃないわ．

Jaume　—　気の毒なパトリシア！

*preocupada　心配した（男性形 preocupat）

文法補遺

● **目的語人称代名詞の位置と形**

本文中では「目的語代名詞は原則として活用している動詞の前に置く」と書きましたが，実は，代名詞が不定詞の目的語である場合には，不定詞の後ろに付くこともできます．目的語代名詞は，位置，そして前後にどのような語が来るかによって形が変わることがあります．それをまとめると次のようになります．少し大変ですが，ぜひ覚えておかねばならないことです．

① 直接目的語代名詞 (p. 57 参照)

子音で始まる動詞の前	(h+) 母音で始まる動詞の前	子音，u で終わる動詞の後ろ	a, e, i で終わる動詞の後ろ
em 私を アム	m'	-me マ	'm
et 君を アト	t'	-te タ	't
el 彼 etc. を アル	l'	-lo ル	'l
la 彼女 etc. を ラ		-la ラ	-la ラ
ens 我々を アンス	ens アンス	-nos ヌス	'ns
us 君たちを ウス	us ウス	-vos ブス	-us ウス
els 彼ら, etc. を アルス	els アルス	-los ルス	'ls
les 彼女ら, etc. を ラス	les ラス	-les ラス	-les ラス

② 間接目的語代名詞 (p. 52 参照)

子音で始まる動詞の前	(h+) 母音で始まる動詞の前	子音, u で終わる動詞の後ろ	a, e, i で終わる動詞の後ろ
em 私に アム	m'	-me マ	'm
et 君に アト	t'	-te タ	't
li 彼, 彼女 etc. に リ	li リ	-li リ	-li
ens 我々に アンス	ens アンス	-nos ヌス	'ns
us 君たちに ウス	us ウス	-vos ブス	-us ウス
els 彼ら,彼女ら etc. に アルス	els アルス	-los ルス	'ls

たとえば,

    No **el** vull llegir ara.　　私は今はそれを読みたくない.
    ノ　アルブイ　リャジー　アラ　　　(el はたとえば el diari 新聞)

=No vull llegir-**lo** ara.
  ノ　ブイ　リャジール　アラ

    Els vull ensenyar català.　　私は彼らにカタルーニャ語を教えたい.
    アルスブイ　アンサニャー　カタラー

=Vull ensenyar-**los** català.
  ブイ　アンサニャールス　カタラー

などということになります.

③ 再帰代名詞 (p. 66 参照)

　再帰代名詞は位置と前後に何が来るかによって形が変わります．その規則は，em, et, ens, us については目的語代名詞のところで見た表と同じです．es は，次のようになります．

子音で始まる動詞の前	(h+) 母音で始まる動詞の前	子音，u で終わる動詞の後ろ	a, e, i で終わる動詞の後ろ
es アス	s'	-se サ	's

　Normalment **m'**aixeco a les set.　　普通私は7時に起きる．
　ヌルマルメン　　マシェク　　ア ラス セット

　Ha de treure**'s** la roba.　　　　　あなたは服を脱がねばならない．
　ア　ダ　トラウラス ラ ロバ

④ 副詞的代名詞 en (p. 97 参照)

　副詞的代名詞 en は目的語の人称代名詞よりはいつも後ろに置かれます．また，位置によって次のように形が変わります．

子音で始まる語の前	(h+) 母音で始まる語の前	子音，u で終わる語の後ろ	a, e, i で終わる語の後ろ
en	n'	-ne	'n

練習問題解答

練習問題 1

1. 1) en 2) la 3) en 4) l' 5) l' 6) la
2. 1) els 2) les 3) el 4) els 5) els 6) la
3. 1) Són 2) És 3) de 4) de, també 5) hi, és
4. 1) Sí, sóc la Maria. 2) Sí, sóc la Maria. 3) Sí, sóc el pare d'en Josep. 4) Sí, som de Barcelona.
5. 1) No, no som de Badalona. 2) No, ell no és en Jordi. 3) No, no som estudiants. 4) No, el doctor no és al consultori. (または No, el doctor no hi és.)

練習問題 2

1. 1) un 学生 2) una 女子学生 3) uns 数冊の本 4) unes 数軒の家 5) un 一日 6) un 通り 7) uns 数人の友 8) unes 数人の女友だち 9) una 大学 10) uns 数軒のアパートの部屋
2. (問いは日本語に訳してあります.)
   1) この家には何人，人が居ますか？ Hi ha deu persones en aquesta casa.
   2) この通には何匹犬がいますか？ Hi ha cinc gossos en aquest carrer.
   3) この通りには何軒家がありますか？ Hi ha nou cases en aquest carrer.
   4) この学校には何台コンピューターがありますか？ Hi ha quatre ordinadors en aquesta escola.
3. (日本語とカタルーニャ語を逆に訳してあります.)
   1) レストラン・シェスクはどこですか？ És al davant de l'escola.
   2) ジョルディの家はどこですか？ És al costat de la casa de la Maria.
   3) これはなんですか？ És un diccionari.
   4) あの家はジョルディの家ですか？ No, aquella casa és la casa de la Maria.
4.
   1) És alta i maca. 2) Són simpàtics. 3) És petit. 4) Són boniques.

練習問題 3

1. 1) entro 2) treballem 3) estudia 4) guanya 5) parles 6) canten
2. 1) meva 2) seu 3) teus, tu, mi 4) nostre 5) francesos
3. 1) llegeixes 2) tradueixen 3) servim 4) temo 5) dormim 6) sent
4. (日本語とカタルーニャ語を逆に訳してあります.)

Maria — こんにちは, ジョルディ. 元気?
Jordi — Estic molt bé, gràcies. I tu?
Maria — Estic una mica cansada.
Jordi — もしかすると働きすぎだね.
Maria — Temo que sí.

練習問題 4

1. 1) vaig 2) anem 3) coneix 4) sé 5) heu 6) aprèn
2. 1) tu, agraden 2) Hem 3) semblen, semblen 4) saben 5) podem
3. (質問は日本語に訳してあります.)
   1) 私はキム・ムンゾーの小説を読みます. → La llegeixo.
   2) 私はマリアをジョルディに紹介します. → Li presento la Maria.
   3) 私はビラ先生を知りません. → No la conec.
   4) 私はこの本を読まねばなりません. → L'he de llegir.
4. (質問は日本語に訳してあります.)
   1) 君, 僕たちと一緒に来られる? —No, no puc venir amb vosaltres.
   2) 君は歌うのが好きかい? —Sí, m'agrada cantar.
   3) 君は泳げる? —No, no sé nedar.
   4) 君, この映画は面白いと思う? —No, no em sembla interessant.
5. (日本語とカタルーニャ語を逆に訳してあります.)

Martí — やあ, ジョルディ, 君に友だちのジュアナを紹介するよ.
Joana — Encantada.
Jordi — Encantat. Joana, ets estudianta?
Joana — ええ, 私はカタルーニャ語学科の学生よ. あなたは?
Jordi — Sóc estudiant també. Coneixes en Pere?
Jona — Sí, el conec molt bé.

練習問題 5

1. 1) tinc 2) teniu 3) vull 4) faig 5) fem 6) trec 7) traieu
2. 1) Pensem 2) Quedem 3) puc, tinc 4) vols, penses

3. 1) En Joan s'aixeca a les set. 2) Ens canviem aquí. 3) Em dutxo al matí. 4) No vull treure'm les sabates. 5) Els nens es renten les mans bé. 6) Faig fúting per entretenir-me. 7) La Núria i en Joan s'estimen. 8) La Núria i en Joan es casen aviat.

4. （日本語とカタルーニャ語を逆に訳してあります．）

Marc — Per què no anem a veure en Jordi aquesta tarda?
Pere — 今日の午後，僕は時間がないんだ．
Marc — Què has de fer?
Pere — ジョギングをしなくちゃならないんだ．
Marc — T'agrada fer fúting?
Pere — うん，とっても．

練習問題 6

1. （問題文は日本語に訳してあります．）
1) ジュアンは本を読みます．→ En Joan està llegint un llibre.
2) 我々は音楽を聞きます．→ Estem escoltant la música.
3) ジュゼップとヌリアは手紙を書きます．→ En Josep i la Núria estan escrivint una carta.
4) マルタはそれを見ます．→ La Martà esta mirant-ho**． または
   La Marta ho esta mirant.

**現在分詞の目的語の代名詞は，進行形では現在分詞の後ろにハイフンを付けて書かれるか，estar の前に置かれます．

2. （問題文は日本語に訳してあります．）
1) 君は歌がとてもうまい．→ Que bé cantes!
2) このケーキはとてもおいしい．→ Que bo és aquest pastís!
3) 今日はとても暑い．→ Quina calor fa avui!

3. （質問は日本語に訳してあります．）
1) 君はもうこの本を読んだのか？ —No, no l'he llegit encara.
2) 君たちは今朝ジュアンをみかけたか？ —Sí, l'hem vist.
3) あなたたちは私の両親をみかけましたか？ —Sí, els hem vist.
4) あなた(彼，など)はもう手を洗いましたか？ —Sí, ja m'he (s'ha) rentat les mans.

4. （質問は日本語に訳してあります．）
1) 今，何時ですか？ És la un.
2) 今，何時ですか？ Són les dues.

3) 君は明日何時に出発するつもりなのか? Penso sortir a les nou.
4) 講演会は何時ですか? És a les tres.
5. 1) Avui fa vent, però no m'importa gens.
   2) Avui fa fred, però no porto jersei.

練習問題 7

1. 1) perdrem 2) podré 3) farà 4) tindran 5) anireu 6) vindràs
2. (問題文は日本語に訳してあります.)
   1) 君たちは明日, 何をするつもりだい? → Què fareu demà?
   2) 私たちは八時の列車に乗るつもりです. → Agafarem el tren de les vuit.
   3) あなたたちは明日, 遠足へいくつもりですか? → Aniran vostès d'excursió demà?
   4) 私はこの歌をうたうつもりはない. → No cantaré aquesta cançó.
   5) あなたがた(彼ら, など)はどこでプレゼントを買うつもりですか? → On compraran regals?
3. (問題文は日本語に訳してあります.)
   1) カタルーニャでは二時ごろに昼食をとります. → Es dina cap a les dues a Catalunya.
   2) 我々はこの部屋に入ってもいいのですか? → Es pot entrar en aquesta habitació?
   3) 君たちはここに車を停めてはいけない. → No es pot aparcar aquí.
   4) 我々は三時間でバルセロナに到着します. → Es triga tres hores en arribar a Barcelona.
   5) 我々はもっと勉強しなくてはならない. → S'ha d'estudiar més.
4. (問題文は日本語に訳してあります.)
   1) 我々はこのドアをこういう風に閉めます. → Aquesta porta es tanca així.
   2) レストランは9時に開きます. → El restaurant s'obre a les nou.
   3) 彼らがガラスを割りました. → S'ha trencat el vidre.
   4) ここで切手を売っています. → Es venen segells aquí.
5. (問題文は日本語に訳してあります.)
   1) 君は今日の午後何をしたいの? → Què t'agradaria fer aquesta tarda?
   2) 僕は映画へ行きたい. → M'agradaria anar al cine.
   3) 彼は医者になりたいのだ. → Li agradaria ser metge.

4) 我々は飛行機で旅行する. → <u>Ens agradaria viatjar amb avió.</u>

練習問題 **8**

1. (問題文は日本語に訳してあります.)
1) 僕は今日, 教室でジュアンに会った. → Ahir <u>vaig veure en Joan a la classe.</u>
2) 今週, 私は二回映画に行きました. → La setmana passada <u>vaig anar al cine dos cops.</u>
3) 今月はたくさん自動車事故がありました. → El mes passat <u>va haver-hi (または hi va haver) molts accidents de cotxe.</u>
4) 今年はあまり寒くありませんでした. → L'any passat <u>no va fer gaire fred.</u>

2.
1) Quan <u>llegia el diari, em vas trucar.</u> (僕が新聞を読んでいたとき, 君が電話をくれた.)
2) <u>Vau entrar en el menjador</u> quan <u>dinàvem.</u> (我々が昼食をとっているときに君たちが入って来た.)
3) Quan <u>vas venir a veure'ls, no hi eren.</u> (君が彼らに会いに来たときには彼らはいなかった.)
4) Quan <u>va arribar, no hi havia ningú.</u> (彼が到着したときには誰もいなかった.)

3. 1) més, que 2) menys, que 3) tan, com 4) millor, que 5) pitjor, que

4. (日本語とカタルーニャ語を逆に訳してあります.)

Jordi — 昨日のコンサートはどうだった?
Marta — Va anar molt bé.
Jordi — Va anar millor que el concert de la setmana passada?
Marta — もしかするとそうね.
Jordi — で, マリアはどうだい?
Marta — Està tan contenta com jo.
Jordi — 次のコンサートはいつだい?
Marta — Serà el mes que ve.
Jordi — M'agradaria anar-hi.

練習問題 **9**

1. 1) puguem 2) puguis 3) faci 4) siguin 5) aneu 6) vingui

2.（問題文は日本語に訳してあります.）
1) 君たちはそれを開ける. → Obriu-lo.
2) 君は靴をはく. → Posa't les sabates.
3) 君たちは家に残る. → Quedeu-vos a casa.
4) 君はスープを自分でつぐ. → Serveix-te la sopa.
5) 君は新聞を買いに行く. → Vés a comprar el diari.

3. 1) que 2) que 3) agradi 4) siguis 5) tingui 6) siguis または seràs

4.（日本語とカタルーニャ語を逆に訳してあります.）
Pere — ヌリア, とても素敵なスカーフをしているね. Et queda molt bé.
Núria — どうもありがとう. És un regal del meu aniversari.
Pere — 君の誕生日はいつ？
Núria — És avui.
Pere — Ah sí? Feliç aniversari. Per molts anys!

練習問題 10

1. 1) dormís 2) poguessis 3) estigués 4) fossin 5) anéssim 6) vingués

2.（肯定命令を日本語に訳してあります.）
1) (君) それを開けなさい. → No l'obris.
2) (君) マリアを探しに行きなさい. → No vagis a buscar la Maria.
3) (君たち) この車を買いなさい. → No compreu aquest cotxe.
4) (あなた) 家に残ってください. → No es quedi a casa.
5) (君) 自分でコーヒーをつぎなさい. → No et serveixis cafè.
6) (君たち) 今, 風呂に入りなさい. → No us banyeu ara.

3. 1) fa, anirem 2) agrada, compra 3) fos, estudiaria または aprendria
4) tinguéssim, viatjaríem

4.（日本語とカタルーニャ語を逆に訳してあります.）
Jaume — Patrícia, estàs enfadada?
Patricia — いいえ, なぜ？
Jaume — Perquè sembla que sí.
Patricia — 明日試験があるんで少し心配なの.
　　　　　　Si no tingués l'examen, no estaria així.
Jaume — Pobra Patrícia!

単語リスト

A

a ～へ，～に，～で
a més a més さらに，その上
a on どこへ
a vegades ときに
abans 以前，前に
abril 男 4月
accident 男 事故
acompanyar 一緒に行く，付き添う
aconseguir 獲得する
adéu さようなら
adéu-siau さようなら
afaitar-se 髭を剃る
agafar つかむ，(交通機関を)使う
agost 男 8月
agradar 気に入る
ah 了解を表す感嘆詞
ahir 昨日
aigua 女 水
aixecar-se 起き上がる
així このように，そのように
això これ，このこと，それ，そのこと
al 前置詞a＋男性定冠詞el
al contrari まったく逆に，それどころか
al costat de ～の隣に，横に
al final de ～の終わりに
alemany, alemanya ドイツの，男 ドイツ語，男 女 ドイツ人
Alemanya 女 ドイツ
aleshores それなら
algun, alguna なんらかの，いずれかの
alguna cosa 何か
algun dia いつの日か
allò あれ，あのこと
alt, alta 背が高い
altre ほかの
amable 親切な
amb ～と，～と一緒に
amic 男 友達
amiga 女 女友達
anar 行く（物事が上手く，まずく）運ぶ
anar a＋不定詞 ～しに行く
Anglaterra 女 英国
anglès, anglesa 英国の，男 英語，男 女 英国人
aniversari 男 記念日，誕生日
any 男 年
　aquest any 今年
　l'any passat 去年
　l'any que ve 来年
aparcar 駐車する
aprendre 覚える，まなぶ
aprimar-se やせる

aproximadament だいたい，約
aquell あの，あれ 男 単
aquella あの，あれ 女 単
aquelles あれらの，あれら 女 複
aquells あれらの，あれら 男 複
aquest この，その，これ，それ 男 単
aquesta この，その，これ，それ 女 単
aquestes これらの，それらの，これら，それら 女 複
aquests これらの，それらの，これら，それら 男 複
aquí ここ(に，で)
ara 今，さて
arribar 到着する
autobús 男 路線バス
autocar 男 中長距離バス
aviat やがて
avorrit, avorrida 退屈な
avui 今日

B

ballar ダンスをする
banyar-se 風呂に入る
banyera 女 バスタブ
bé 元気で，じょうずに，うまく
biblioteca 女 図書館
bo 良い，おいしい
boca 女 口
bonic, bonica 美しい
brindar 乾杯する
broma 女 冗談
buscar 探す

C

cadira 椅子
cafè 男 カフェテリア コーヒー
　cafè amb llet カフェオレ
　(cafè) tallat ミルク入りコーヒー
caldre 必要である
calent 熱い
calor 女 暑さ
cambrer 男 ボーイ
cambrera 女 ウエイトレス
cançó 女 歌
cansat, cansada 疲れている
cantar 歌う
canviar-se 着替える
cap a ～頃，～へ向かって
cara 女 顔
carrer 男 通り
casa 女 家
casar-se 結婚する
Castella 女 カスティーリャ(スペインの別名，またはカスティーリャ地方)
castellà, castellana カスティーリャの，男 カスティーリャ語，男 女 カスティーリャ人
català, catalana カタルーニャの，男 カタルーニャ語，男 女 カタルーニャ人
Catalunya 女 カタルーニャ
catorze 14
cava 男 カタルーニャ産の発泡ワイン

cinc 5
cinema 男 映画館, 映画 (cineと略すことも多い)
cistell 男 かご
ciutat 女 都市
com どのようにして, どのような
comprar 買う
conèixer 知っている
construir 建設する
consultori 男 診療所
cop 男 〜回
cosa 女 こと
cotxe 男 自動車
creure 思う, 信じる
cunyada 女 義理の姉妹
cunyat 男 義理の兄弟

D

d'acord 賛成の意を表す表現
davant de 〜の前に
de 〜の 出身, 原材料, 所属などを表す前置詞
d'en 前置詞 de＋人称冠詞 en
de res どういたしまして
de seguida すぐに
deixar 放っておく
del 前置詞 de＋冠詞 el
demà 明日
desembre 男 12月
despatx 男 オフィス
després それから, 後に
 després de 〜の後に
deu 10
deure 〜にだろう

dia 男 日
 aquests dies 最近
 bon dia おはよう, こんにちは
diari 男 新聞
diccionari 男 辞書
diferent 異なる
difícil 難しい
digui? 電話を取ったときに言うことば もしもし
dijous 男 木曜日
dilluns 男 月曜日
dimarts 男 火曜日
dimecres 男 水曜日
dinar 昼食をとる
diners 男 複 お金
dinou 19
dir 言う
dissabte 男 土曜日
disset 17
diumenge 男 日曜日
divendres 男 金曜日
divertir-se 楽しむ
divuit 18
doctor, doctora 医者, 博士
doncs 「えーと」など間をとる言い方 発音は「ドーンス」
dormir 寝る
dos 2
dotze 12
durant 〜の間
dutxar-se シャワーを浴びる

E

edifici 男 建物
eh? 相手に同意を求める掛け声
ei 相手の注意を引くための掛け声
el 男性定冠詞単数形 人称冠詞 彼を，それを
ell 彼，それ
ella 彼女，それ
elles 彼女ら，それら
ells 彼ら，それら
els 男性定冠詞複数形 彼らを，それらを，彼(女)らに
em 私を，私に
en¹ 男性名の前につく人称冠詞
en² de＋名詞を受ける副詞的代名詞
enamorat, enamorada 恋している
encantat, encantada はじめまして
encara まだ
    encara que たとえ～であっても
endavant どうぞ(先へ進んでください)
enfadar-se 怒る
enfadat, enfadada 腹を立てている
engreixar-se 太る
ens 我々を，我々に
ensenyar 見せる，教える
entendre 理解する
entrar 入る
entrepà 男 フランスパンのサンドイッチ
entretenir-se 暇つぶしをする

es 再帰代名詞 自らを(に)
escola 女 学校
escriure 書く
església 女 教会
Espanya 女 スペイン
espanyol, espanyola スペインの，男 スペイン語，男女 スペイン人
esperar 待つ
esport 男 スポーツ
ésser (ser) ～である，～にいる，ある
    és que 実は～なのだ
estar ～である
els Estats Units 男 複 アメリカ合衆国
estimar 愛する
estimar-se 愛し合う
estudiant 男 学生
estudianta 女 女学生
estudiar 勉強する
et 君を，君に
examen 男 試験
excursió 女 遠足
    anar d'excursió 遠足に行く
expert 男 専門家
explicar 説明する
expressió 女 表現

F

febrer 男 2月
feliç 幸せな
    Feliç any nou! 新年おめでとう

fer する（天候，気候が）〜である
Fa bon temps. 天気がいい
Fa calor. 暑い
festa 囡 パーティ
ficar-se 中にはいる，鼻をつっこむ
filologia 言語学，文献学
finalment ついに
fins a 〜まで
font 囡 泉
força かなり
forma 囡 形
en forma 良い体調で
França 囡 フランス
francès, francesa フランスの，男 フランス語，男 囡 フランス人
fred 男 寒さ
Fa fred. 寒い
fumar タバコを吸う
fúting 男 ジョギング

G

gener 男 1月
generalment 一般に，だいたい
gent 囡 人々（単数扱い）
germà 男 兄弟
germana 囡 姉妹
gos 男 犬
gràcies ありがとう
groc 黄色い
gros 大きい
guanyar 金を儲ける，勝つ

H

haver 過去分詞と共に完了時制をつくる
haver de 〜せねばならない
hi そこに，そこへ（ser と共に用いて存在を表す）
hi ha 〜がいる，ある
història 囡 歴史
ho そのこと
home 男 男 驚きなどを表す間投語
hora 囡 時間
hospital 男 病院

I

idea 囡 アイディア，考え
important 重要な，大きい
importar 重要である
intel·ligent 頭がいい
interessant 興味深い，面白い

J

ja すでに
Japó 男 日本
japonès, japonesa 日本の，男 日本語，男 囡 日本人
jo 私
juliol 男 7月
juny 男 6月

L

la 女性定冠詞単数形　人称冠詞　彼女を，それを
les 女性定冠詞複数形　彼女らを，それらを
li 彼(女)に
literatura 囡 文学
llegir 読む
llengua 囡 舌, 言語
llet 囡 ミルク
llevar-se 起きる
llibre 囡 本
lliure 自由な, 空いている
mà 囡 手
maco, maca きれいな, 素敵な
maig 男 5月
mantenir-se （自分自身を）維持する
mapa 男 地図
març 男 3月
mare 囡 母
mateix 自身, 同じ
matí 男 朝, 午前
medicina 囡 医学
menjador 男 食堂
menjar 食べる
menys～que... ...ほど～ではない
mes 男 月
　el mes que ve 来月
més もっと
més aviat むしろ
més～que... ...よりも～である
metge, metgessa 医者
meu, meva 私の
mi 前置詞の後ろで jo がとる形
mica una mica の形で, 少し
mig, mitja 半分の
millor よりよい, よりよく
mirar 見る
mocador 男 スカーフ, ハンカチ
molestar 悩ませる, 迷惑をかける
molt とても
molt, molta たくさんの
món 男 世界
morir 死ぬ
muntanya 囡 山

N

necessitar 必要とする
nedar 泳ぐ
no いいえ, ～ではない
no ～cap いかなる...も～ない
no～gaire あまり～ない
no～gens ぜんぜん～ではない
no～mai 一度も～ない, 決して～ない
no ～ningú 誰も～ない
no ～ res 何も～ない
no ～ tampoc ...も～ない
noi 男 男の子
noia 囡 女の子
només ～しか
nord-americà アメリカ合衆国の（人）
normalment 普通は
nostre, nostra 我々の
nou 9

nou, nova 新しい
novament 新たに
novel·la 囡 小説
novembre 男 11月

O

obrir 開ける
octubre 男 10月
oi? 相手に同意を求める付加疑問
on どこ
oncle 男 叔父
onze 11
ordinador 男 コンピューター
ostres! 驚きの表現

P

pa 男 パン
un parell de 二・三の，一対の
parlar 話す
passar-s'ho bé 楽しく過ごす
passeig 男 散歩
passejar 散歩する
pel·lícula 囡 映画
pensar 考える，～しようと思う
per ～のために，するために，～あたりに
per a ～のために
per cert ところで
per molts anys 誕生日の祝いのことば
per què no ～? ～しませんか
perdó すみません
perdre 失う

perfeccionar 完全なものにする
perfectament 完全に
però しかし
per què なぜ
perquè なぜならば
persona 囡 人
pertot arreu どこでも
pesseta 囡 ペセタ
petit, petita 小さい
pis 男 アパートの部屋
pitjor より悪い
platja 囡 浜
ple de ～でいっぱいの
poble 男 村
pobre （名詞の前につくと）かわいそうな （後ろにつくと）貧しい
poder ～できる
poma 囡 りんご
portar 運ぶ，身につける
portàtil 携帯の
posar 置く，着せる，身につけさせる
possible 可能である
potser たぶん，おそらく
prendre （飲み物，食べ物を）とる
preocupat, preocupada 心配した
presentar 紹介する
primer 第一に
professor, professora （中学校以上の）先生
prou 十分(な)
pròxim 次の

Q

quan ～したとき
quant, quanta いくつの, どれくらいの量の
quatre 4
què 何
que ～ということを 後ろに形容詞, 副詞を伴い感嘆文をつくる, 疑問文を導入する意味のない que
que 関係代名詞
que tal～? ～はどうか?
que ve (週, 月, 曜日などが)来る
quedar 待ち合わせる
　　quedar bé (間接目的語代名詞と共に)～によく似合う
quedar-se 居残る
qui 誰
quin, quina どちら 後ろに名詞を伴い感嘆文をつくる
quinze 15

R

raó 囡 理由
　　tenir raó 言っていることが正しい
ràpid, ràpida 素早い
records 男複 土産, 思い出の品
refredat, refredada 風邪を引いている
regal 男 プレゼント
rentar-se 自分(の一部)の体を洗う
restaurant 男 レストラン
roba 囡 服
ros, rossa 金髪の

S

sabata 囡 靴
saber 知る, ～できる
　　em sap greu 残念だ, 申し訳ない
samarreta 囡 Tシャツ
segell 男 切手
segur, segura 確かな
seient 男 席
semblar ～のように思える(見える)
sensible 敏感な
sentir 感じる, 残念に思う
senyor 男 紳士, ～氏
senyora 囡 婦人, 夫人
senyoreta 囡 お嬢さん, 未婚の女性
servir 仕える, 役に立つ
servir-se (食べ物, 飲み物を)自分で取る, つぐ
set 7
setembre 男 9月
setmana 囡 週
　　aquesta setmana 今週
　　la setmana passada 先週
　　la setmana que ve 来週
setze 16
seu, seva 彼(女)の, 彼(女)らの, あなた(方)の
seure 座る

sever, severa 厳しい，厳格な
si ～かどうか．もし
si us plau ものを丁寧に頼んだり，訪ねたりするときに使う表現　どうぞ
simpàtic, simpàtica 感じの良い
sis 6
sobre ～の上に，～について
sol 男 太陽
sol, sola 一人の
solucionar 解決する
sopa 女 スープ
sorpresa 女 驚き
sort 女 幸運
sortir 出かける，出る

T

tallat 男 ミルク入りコーヒー
també ～もまた
tan それほどに，これほどに
tan ～ com... ...と同じくらい～である
tan de bo que＋接続法の動詞　～であったらいいのに
tancar 閉める
tant～com... ...と同じぐらいの
tarda 女 午後
taula 女 机
telèfon 男 電話
témer 恐れる
temps 時間　天気
　　Fa bon temps. 天気がいい.
tenir 持つ
teu, teva 君の

tia 女 叔母
típic, típica 典型的な，地方色豊かな
tocar 触る，(楽器を)演奏する
tot ～中を(男 女，単 複 同形)
tot, tota 全ての
traduir 翻訳する
treballador 働き者，勤勉な
treballar 働く
tren 男 列車
trencar 割る，壊す
tres 3
tretze 13
treure's 脱ぐ
triar 選ぶ
trigar (時間が)かかる
trist 悲しい，寂しい
trobar a faltar いなくて寂しく思う
tu 君

U

un 1　不定冠詞男性単数形
una 1　不定冠詞女性単数形
unes 不定冠詞女性複数形
universitat 女 大学
uns 不定冠詞男性複数形
us 君たちを，君たちに

V

val la pena ～する価値がある
vendre 売る
venir 来る(話し相手のいる場所に

移動するという意味でも用いられ，この場合は「行く」の意味になる）
vent 男 風
veritat 女 真実
veure 見る，会う
viatjar 旅行する
vidre 男 ガラス
vinga 相手を誘う掛け声
vint 20
visitar 訪問する
viu 生きている
voler ～したい 欲する
    voler dir 意味する

vol(s) dir？ 本当にそう思うか？
vosaltres 君たち
vostè あなた
vostre, vostra 君たちの
vuit 8

X

ximple 馬鹿な
Xina 女 中国
xinès, xinesa 中国の，男 中国語，男 女 中国人

```
本書には CD が用意してあります．
  ◇ 吹込者： マリア・ジュゼップ・ゴンサレス
              エドゥアルド・カブロル
  ◇ 吹込箇所： 発　音
               各課本文
               単　語
               練習問題の一部
```

CD のご注文はインターネットが便利です．
♦ http://www.hakusuisha.co.jp にアクセス．
♦ 〈検索〉に書名を入力．
♦ 〈詳細〉→〈注文〉と進んでお名前等必要事項を入力の上，
  備考欄に「CD のみ」と入力してください．

著者略歴
1953 年生まれ．
一橋大学社会学部卒．バルセロナ大学博士課程修了．
文学博士（カタルーニャ語学）．
著書：「カタルーニャ語文法入門」（大学書林），「カタルーニャ 50 の Q＆A」
　　（新潮選書），「物語　カタルーニャの歴史」（中公新書）ほか．

エクスプレス　カタルーニャ語

　　　　　　　　　　　　　2001 年 7 月 25 日　印　刷
　　　　　　　　　　　　　2001 年 8 月 10 日　発　行

　　　　　著　者 ©　田　澤　　　耕
　　　　　発行者　　川　村　雅　之
　　　　　印刷所　　研究社印刷株式会社
　　　　101-0052 東京都千代田区神田小川町 3 の 24
発行所　電話 03-3291-7811（営業部），7822（編集部）　株式会社白水社
　　　　http://www.hakusuisha.co.jp

振替　00190-5-33228　　　　　　　　　Printed in Japan　加瀬製本

ISBN 4-560-00560-5

Ⓡ 〈日本複写権センター委託出版物〉
　本書の全部または一部を無断で複写複製（コピー）することは，著作権法
上での例外を除き，禁じられています．本書からの複写を希望される場合
は，日本複写権センター（03-3401-2382）にご連絡ください．

エクスプレス

外国語入門シリーズ

言語	著者	価格
日本語(英語版)	東京YMCA 日本語科編 (2色刷) C-60	1600円 / 2140円
アイヌ語	中川・中本 C-90	2400円 / 2820円
朝鮮語	早川嘉春 C-90	1600円 / 2820円
中国語	榎本英雄 (2色刷) C-90	1600円 / 2820円
広東語	千島英一 C-60	2200円 / 2140円
上海語	榎本・范 C-60	2100円 / 2140円
台湾語	村上嘉英 C-90	2200円 / 2820円
ベトナム語	川口健一 C-90	2330円 / 2524円
カンボジア語	上田広美 C-90	2700円 / 2820円
タイ語	水野・上田 C-90	2000円 / 2820円
マレー語	近藤・モハメッド C-90, CD各	2200円 / 2820円
ラオス語	鈴木・チャンタマリー C-90	2400円 / 2820円
ビルマ語	加藤昌彦 C-90	2700円 / 2820円
フィリピノ語	津田・ユー C-90	2000円 / 2820円
ベンガル語	町田・丹羽 C-90	2500円 / 2820円
ヒンディー語	田中・町田 C-60, 40(各1本)	2400円 / 4280円
インドネシア語	柴田紀男 C-90	2000円 / 2820円
チベット語	星実千代 C-90	2800円 / 2820円
パンジャービー語	岡口典雄 C-90	2233円 / 2524円
トルコ語	大島直政 C-90	1900円 / 2820円
アラビア語	奴田原・岡 C-90	2400円 / 2820円
アジビア語	西尾・舩岡カリーマ C-60	2500円 / 2140円
ペルシア語	藤元優子 C-90, CD各	2800円 / 2820円
古典ギリシア語	荒木英世 C-90	2600円 / 2820円
現代ギリシア語	荒木英世 C-60, 40(各1本)	1900円 / 4280円
ロシア語	桑野隆 (改訂版) C-90, CD各	1800円 / 2820円
ブルガリア語	寺島憲治 C-90	2400円 / 4280円
ポーランド語	石井哲士朗 C-60, 40(各1本)	1900円 / 4280円
チェコ語	保川亜矢子 (新稿版) C-90	2200円 / 2820円
セルビア・クロアチア語	中島由美 C-90	2300円 / 2820円
ハンガリー語	早稲田みか (改訂版) C-90	2100円 / 2820円
ルーマニア語	鈴木信吾・エレナ C-90	2200円 / 2820円
フィンランド語	松村一登 C-90, 60(各1本)	1900円 / 4960円
スウェーデン語	横山民司 C-90	1900円 / 2820円
ノルウェー語	横山民司 C-90	1900円 / 2820円
デンマーク語	横山民司 C-90	1900円 / 2820円
ドイツ語	小塩節 (2色刷) C-90	1300円 / 2820円
オランダ語	桜井隆 C-90	1900円 / 2820円
アイスランド語	横山民司 C-90	2330円 / 2524円
英(イギリス)語	早川・スネリング C-90	1400円 / 2820円
フランス語	筑紫文耀 (2色刷) C-90	1300円 / 2820円
イタリア語	小林惺 C-90	1500円 / 2820円
スペイン語	塩田洋子 (2色刷) C-90	1600円 / 2820円
ポルトガル語	黒沢直俊 C-90	1600円 / 2820円
スワヒリ語	ファラジ C-60(2本)	2200円 / 4280円
イディッシュ語	上田和夫 C-60, 45(各1本)	2800円 / 3200円
エスペラント語	安達信明 C-90	1700円 / 2820円

価格は税抜きです。別途に消費税が加算されます。
重版にあたり価格が変更になることがありますので、ご了承下さい。

C=カセットテープ